Ejercicios resueltos de

ASTRONOMÍA

Vol. II   MECÁNICA CELESTE

José Miguel Centeno Arribas

Primera edición: abril 2024

Depósito legal: AL 880-2024

ISBN: 978-84-1073-179-0

Impresión y encuadernación: Editorial Círculo Rojo

© Del texto: José Miguel Centeno
© Maquetación y diseño: José Miguel Centeno
© Fotografía de cubierta: José Miguel Centeno

Editorial Círculo Rojo

www.editorialcirculorojo.com

info@editorialcirculorojo.com

Impreso en España - Printed in Spain

ÍNDICE

Presentación

Este segundo volumen de la trilogía de ejercicios de Astronomía, dedicado en esta ocasión a la Mecánica Celeste, mantiene la misma estructura de contenidos que el título anterior sobre Astronomía de posición.

A igual que en él, en una primera parte se recoge un resumen completo de toda la teoría necesaria para la ejecución de los ejercicios propuestos, con la intención de que al lector no le resulte imprescindible disponer de una obra adicional a la hora de abordarlos.

Los problemas resueltos ocupan la segunda parte, agrupados también en capítulos y numerados en un orden de dificultad que, aun pretendiendo ser creciente dentro de ellos, intenta ser relativamente homogéneo con una progresión de complejidad no demasiado acusada. Complejidad que en ocasiones puede estar relacionada más con la comprensión de los conceptos involucrados que con la extensión de los cálculos.

La mayoría de los ejercicios contenidos en este título no han sido planeados como simples conjuntos de datos para practicar la aplicación de fórmulas sino que intentan ilustrar, aclarar o ampliar conceptos sobre algún punto concreto de la teoría.

Han sido pensados igualmente para ser realizados en orden correlativo, asumiendo en cada capítulo que se han asimilado los contenidos de los apartados que corresponden en el resumen de teoría y de los anteriores, así como los conceptos sobre Astrometría abarcados en el primer volumen.

Para mantener entonces igualmente la idea original de que el lector pueda trabajar con un solo volumen, la tercera parte, dedicada a los anexos, incluye también una muy breve recopilación de los principales conceptos y fórmulas sobre Astronomía de posición.

La principal intención de esta tercera parte, no obstante, es recoger de forma diferenciada una serie de apuntes de carácter meramente introductorio sobre distintos temas, que aunque intrínsecamente propios de la Mecánica Celeste, al menos en opinión del autor y por exceso o por defecto, no se adecúan bien a la realización de ejercicios del nivel de dificultad pretendido para este título.

Completa el volumen una parte adicional con definiciones en la que se ha intentado incluir y comentar de la forma más detallada y autocontenida posible, dentro de las limitaciones de espacio propias de un glosario, todos los términos astronómicos que aparecen en la obra.

Obra que esperamos que sea de utilidad.

El autor

Resumen de teoría

1 Gravedad y Mecánica clásicas

1.1 Leyes de Kepler

A principios del siglo XVII Kepler formuló sus conocidas tres leyes, obtenidas de forma empírica a partir de observaciones:

❑ Los planetas se desplazan describiendo órbitas elípticas planas alrededor del Sol en las que este se encuentra en uno de los focos, común para todas.

❑ El radio vector que une la posición del Sol con la de un planeta barre áreas de la elipse iguales en tiempos iguales.

❑ El cuadrado del periodo orbital (sidéreo) T de un planeta es directamente proporcional al cubo del semieje mayor de su órbita a. Es decir:

$$\frac{T^2}{a^3} = C_K \qquad\qquad [1.1]$$

donde C_K es la constante de Kepler, aproximadamente igual a $3 \ 10^{-19} \ s^2 \ m^{-3}$.

La primera ley es una particularización válida para órbitas cerradas estables y la segunda es una consecuencia directa de la conservación del momento angular del planeta en su trayectoria.

La tercera ley fue precisada por Newton más de medio siglo después al definir la fuerza de atracción gravitatoria entre dos cuerpos como directamente proporcional al producto de sus masas e inversamente proporcional al cuadrado de la distancia que los separa, con lo que resulta la expresión del valor de C_K para órbitas circulares o elípticas:

$$C_K = \frac{4 \ \pi^2}{G \ (M + m)} \qquad\qquad [1.2]$$

siendo G la constante de gravitación universal, M la masa del Sol y m la masa del planeta que orbita alrededor de él.

La tercera ley en su enunciado original es entonces una aproximación para $M \gg m$, válida dentro de la precisión de los datos experimentales de que disponía Kepler, y, expresando los periodos de revolución en años sidéreos y los semiejes mayores de las órbitas en unidades astronómicas, puede formularse como

$$T = \sqrt{a^3} \qquad\qquad [1.3]$$

1.2 Leyes de Newton

En 1687 Newton publicó las tres leyes que constituyen las leyes fundamentales de la Mecánica clásica y cuyas redacciones actualizadas serían (al igual que con las de Kepler, existen numerosas versiones equivalentes según los autores):

❑ Todo cuerpo conserva su estado de reposo o de movimiento uniforme y rectilíneo en ausencia de fuerzas aplicadas que le obliguen a cambiar este estado, cumpliéndose entonces la relación:

$$p = m\,v = constante \qquad\qquad [1.4]$$

en la que p es la cantidad de movimiento del cuerpo, m su masa y v el vector velocidad.

❑ La variación de la cantidad de movimiento es proporcional a la fuerza motriz aplicada y sigue la dirección en la que actúa esta fuerza. Es decir:

$$F = \dot{p} = m \cdot a \qquad\qquad [1.5]$$

siendo F la fuerza motriz, a el vector aceleración y donde el punto encima de la variable indica su derivada temporal. Esta segunda ley de Newton se conoce como ley fundamental de la dinámica.

❑ Toda acción produce siempre una reacción igual y contraria: las acciones mutuas de dos cuerpos son siempre iguales y dirigidas en sentidos opuestos. Esto es, entre dos cuerpos con cantidades de movimiento p_1 y p_2 que interaccionan se tiene:

$$\dot{p}_1 = -\,\dot{p}_2 \qquad\qquad [1.6]$$

De las leyes anteriores y de las de Kepler, Newton formuló la ley de la gravitación universal (pueden deducirse unas de otras y viceversa), expresándose la norma de la fuerza de atracción que experimentan dos cuerpos de masas m_1 y m_2 separados una distancia r como:

$$F = G\,\frac{m_1\,m_2}{r^2} \qquad\qquad [1.7]$$

donde el valor de la constante de gravitación universal, que no se determinó hasta el siglo XIX a partir de trabajos anteriores debidos a Cavendish, resulta, en el sistema MKS/SIU:

$$G = 6.674\ 10^{-11}\ m^3\,kg^{-1}s^{-2} \qquad\qquad [1.8]$$

Formalmente, el lagrangiano de un sistema sometido a la acción de un campo gravitatorio es invariante no solo frente al movimiento de traslación espacial sino también frente a la traslación temporal y al movimiento de rotación alrededor del eje, por lo que aplica no solo el principio de conservación de la cantidad de movimiento (ecuaciones 1.4 y 1.5) sino también el de conservación de la energía y el del momento angular L:

$$L = r \times m \cdot v = constante \qquad [1.9]$$

y por consiguiente, despreciando correcciones relativistas, el del momento angular específico (momento angular por unidad de masa) L_e. En ausencia de fuerza motriz:

$$L_e = r \times v = constante \qquad [1.10]$$

Del principio anterior y de la segunda ley de Newton se deduce la expresión vectorial completa de la fuerza F que experimenta un cuerpo de masa m_2 en presencia de un campo gravitatorio generado por otro de masa m_1:

$$F = m_2 \cdot g \qquad [1.11]$$

siendo g el vector de aceleración de la gravedad, colineal y de sentido contrario al vector de posición r del cuerpo de masa m_2, con origen en el centro del campo:

$$g = - G \frac{m_1}{r^3} r \qquad [1.12]$$

Referida a cuerpos del Sistema Solar, entonces:

$$g = - G \frac{M_S}{r^2} u \qquad [1.13]$$

donde M_S es la masa del Sol, r es la norma del vector de posición r, con centro en el Sol, del cuerpo con masa m_2 y u es el vector unitario en la dirección de este vector de posición.

Para cuerpos atraídos por la Tierra, con masa M_T y radio R_T, se define la norma de la aceleración gravitatoria en su superficie:

$$g_0 = G \frac{M_T}{R_T^2} \qquad [1.14]$$

cuyo valor estándar es $9.806 \ m \ s^{-2}$, aunque en realidad varía ligeramente según el punto de la superficie por la irregularidad del campo gravitatorio terrestre real.

1.3 Potencial gravitatorio

La fuerza de atracción gravitatoria que ejerce una masa M sobre un cuerpo de masa m puede expresarse como el efecto de un campo generado por M donde m es la carga asociada y sometida al campo. De lo que se infiere inmediatamente que la aceleración de la gravedad según la ecuación 1.12 es precisamente la intensidad del campo gravitatorio en el punto r.

El campo vectorial de fuerza gravitatoria generado por una masa M es conservativo (es un campo de fuerza central y la integral de $F(r)\,dr$ no depende de la trayectoria) por lo que admite la definición de un campo escalar de potencial V, independiente de la masa m a la que afecta, e igual a la energía potencial por unidad de masa a una distancia r del origen del campo:

$$V = -\, G\, \frac{M}{r} \qquad\qquad [1.15]$$

La aceleración de la gravedad es así el vector opuesto al gradiente de potencial:

$$g = -\nabla V \qquad\qquad [1.16]$$

Aunque formalmente, al ser el gradiente un operador derivativo, el campo gravitatorio admite la definición de una familia de potenciales de la forma:

$$V_k = V + b_k$$

con

$$b_k = constante \qquad\qquad [1.17]$$

Convencionalmente se asume que la energía potencial gravitatoria a una distancia infinita es cero. Y, como en la práctica nunca puede considerarse el potencial en el origen, en cualquier caso y para cualquier valor de b_k se cumple que la variación de la energía potencial E_p (trabajo gravitatorio) es:

$$\Delta E_p = m\, \Delta V \qquad\qquad [1.18]$$

La ecuación 1.15 es válida para masas puntuales o esféricas de densidad uniforme y radio menor que la distancia r a la que se calcula el potencial. En estos dos casos el potencial total en un punto generado por los campos gravitatorios de n masas es simplemente la suma de los potenciales individuales:

$$V(r) = -\, G \sum_{1}^{n} \frac{M_i}{r_i} \qquad\qquad [1.19]$$

donde r_i es la distancia desde el punto r a cada uno de los centros de las masas M_i.

1.4 Problema de los dos cuerpos

En Mecánica Celeste, determinar la evolución temporal de las trayectorias de dos cuerpos con masas m_1 y m_2 sometidos a la acción de la gravedad, que forman un sistema aislado, se conoce como problema de los dos cuerpos.

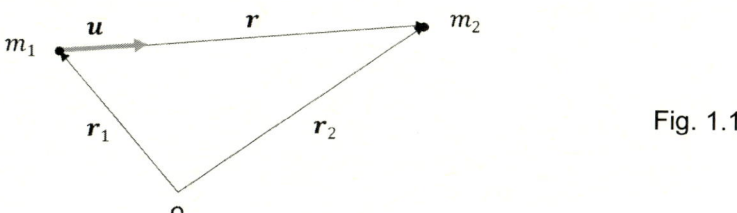

Fig. 1.1

Sean r_1 y r_2 los vectores de posición de las dos respectivas masas puntuales, referenciados a un origen fijo o inercial O cualquiera, como se ilustra en la figura 1.1, y r el vector de posición de la segunda respecto a la primera de modo que:

$$\boldsymbol{r} = \boldsymbol{r}_2 - \boldsymbol{r}_1 = r\,\boldsymbol{u} \qquad [1.20]$$

siendo $\boldsymbol{u}$ el vector unitario en la dirección de m_1 a m_2 y r la distancia que las separa.

Derivando dos veces con respecto al tiempo la relación 1.20 y teniendo en cuenta la tercera ley de Newton y que la derivada segunda del vector de posición de cada una de las masas es precisamente la intensidad del campo gravitatorio generado por la otra, se llega a la ecuación que define el movimiento relativo de m_2 con respecto a m_1:

$$\ddot{\boldsymbol{r}} = -\frac{\mu}{r^3}\,\boldsymbol{r} \qquad [1.21]$$

con

$$\mu = G\,(m_1 + m_2) \qquad [1.22]$$

De acuerdo a la definición del vector $\boldsymbol{r}_C$ del centro de masas del sistema tenemos:

$$\boldsymbol{r}_C = \frac{m_1\boldsymbol{r}_1 + m_2\boldsymbol{r}_2}{m_1 + m_2} \qquad [1.23]$$

$$\boldsymbol{r}_1 = \boldsymbol{r}_C - \frac{m_2}{m_1 + m_2}\,\boldsymbol{r} \qquad [1.24]$$

$$\boldsymbol{r}_2 = \boldsymbol{r}_C + \frac{m_1}{m_1 + m_2}\,\boldsymbol{r} \qquad [1.25]$$

Y dado que la fuerza F_{12} con la que m_1 atrae a m_2 es la misma y de sentido contrario que la fuerza F_{21} con la que m_2 atrae a m_1 se cumple:

$$m_1 \ddot{r}_1 + m_2 \ddot{r}_2 = 0 \tag{1.26}$$

De la ecuación anterior se deduce directamente que la evolución del vector de posición del centro de masas o *baricentro* del sistema es lineal con el tiempo, en un movimiento rectilíneo y uniforme para cualesquiera valores de r_1, r_2 y sus primeras derivadas:

$$r_c = c\,t + C \tag{1.27}$$

y que la expresión 1.21 puede escribirse de la forma:

$$\ddot{r} = -\frac{F_{12}}{\mu_R} \tag{1.28}$$

con

$$\mu_R = \frac{m_1 m_2}{m_1 + m_2} \tag{1.29}$$

donde μ_R se denomina *masa reducida* del sistema.

Obviamente también se puede expresar la ecuación del movimiento relativo de m_1 respecto a m_2 definiendo entonces el vector unitario u en dirección inversa, aunque suele encontrarse como se ha indicado en este apartado, presuponiendo que la masa m_1 corresponde al Sol y denominando la relación 1.21 ecuación del movimiento kepleriano.

En el problema de los dos cuerpos se define el parámetro escalar h:

$$h = \frac{1}{2}\,v^2 - \frac{\mu}{r} \tag{1.30}$$

con

$$v = \|\dot{r}\|$$

llamado *energía por unidad de masa* (cinética más potencial, que es negativa), que coincide con el lagrangiano de un sistema hipotético de un solo cuerpo que se comporta a los efectos como el de dos, y que es una constante del movimiento relativo.

2 Ecuaciones del movimiento relativo

2.1 Vector de Laplace-Runge-Lenz

Se denomina vector de Laplace, de Runge-Lenz, de Laplace-Runge-Lenz o vector LRL de un cuerpo de masa m_2 sometido a la atracción gravitatoria mutua con un cuerpo de masa m_1 a un vector A_{Le} tal que, por unidad de masa:

$$A_{Le} = v \times L_e - \frac{\mu}{r}\, r \qquad [2.1]$$

donde r es el radio vector que define la posición relativa del cuerpo m_2 respecto a m_1, v su velocidad, L_e su momento angular específico respecto a m_1 y μ la constante definida en la expresión 1.22.

El concepto es aplicable a cualquier campo de fuerzas, por lo que es frecuente encontrar también esta definición más general del vector de Laplace asociado a una trayectoria:

$$A_L = p \times L - m\, k\, \frac{r}{\|r\|} \qquad [2.2]$$

en la que k es una constante que depende del campo de fuerzas concreto y m es la masa del cuerpo o la reducida, dependiendo del origen del vector de posición.

En nuestro caso del problema de dos cuerpos sometidos a un campo de atracción gravitatorio newtoniano el vector de Laplace tiene, entre otras, las siguientes propiedades:

❏ Es una constante del movimiento. Su valor es idéntico para cualquier valor de r.

❏ Está contenido en el plano de la órbita.

❏ Su dirección es la del eje de la órbita. Si el momento angular es nulo (movimiento rectilíneo) su dirección es la del movimiento.

❏ Para cualquier valor no nulo del momento angular, su norma es el producto de μ por la excentricidad de la órbita:

$$A_{Le} = e\, \mu \qquad [2.3]$$

Si el movimiento es rectilíneo su norma es igual a μ.

❏ No es independiente del momento angular, existiendo una relación entre sus componentes ya que, al estar contenido en el plano de la órbita y ser el momento angular normal al mismo, son ortogonales entre ambos, cumpliéndose:

$$\boldsymbol{A}_{Le} \cdot \boldsymbol{L}_e = 0 \qquad\qquad [2.4]$$

$$A_{Le}^2 = 2\,h\,L_e^2 + \mu^2 \qquad\qquad [2.5]$$

Como se ve en la figura 2.1, si llamamos f al ángulo que forma el vector de Laplace con el vector de posición de un punto P de la trayectoria, se verifica la relación:

$$\boldsymbol{A}_{Le} \cdot \boldsymbol{r} = A_{Le}\, r \cos f \qquad\qquad [2.6]$$

Este ángulo f recibe el nombre de *anomalía verdadera* [(1)].

De la expresión 2.6, teniendo en cuenta que de la definición dada en 2.1 se deduce directamente:

$$\boldsymbol{A}_{Le} \cdot \boldsymbol{r} = L_e^2 - \mu\, r \qquad\qquad [2.7]$$

se obtiene la ecuación de una cónica en coordenadas polares con centro en el foco:

$$r = \frac{s}{1 + e \cos f} \qquad\qquad [2.8]$$

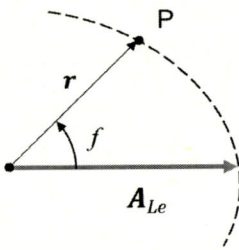

Fig. 2.1

Es decir, en el problema de los dos cuerpos (donde el momento angular no puede ser nulo) la trayectoria del movimiento relativo obedece siempre a la ecuación de una cónica cuya excentricidad e viene dada por la relación 2.3 y cuyo semilado recto s es:

$$s = \frac{L_e^2}{\mu} \qquad\qquad [2.9]$$

[(1)] En textos modernos la anomalía verdadera aparece casi siempre simbolizada por la letra griega *nu* minúscula ν. Tipográficamente resulta casi indistinguible del carácter v que suele indicar la velocidad por lo que en esta obra hemos seguido la nomenclatura alternativa f que puede encontrarse en la literatura sobre la materia. Y es también frecuente el uso de la letra griega ϑ o θ para representarla.

Despejando la energía por unidad de masa de la ecuación 2.5 se tiene:

$$h = \frac{A_{Le}{}^2 - \mu^2}{2\,L_e{}^2}$$

[2.10]

Y de la anterior, considerando las relaciones 2.3, 2.9 y la definición de dicha energía por unidad de masa dada en 1.30, se llega a la expresión de la norma de la velocidad en función de la distancia r al foco de la cónica:

$$v^2 = \mu \left(\frac{2}{r} - \frac{1 - e^2}{s} \right)$$

[2.11]

La tabla de la figura 2.3 recoge las expresiones de los principales parámetros del movimiento particularizadas para cada tipo de curva, teniendo en cuenta también la relación entre los parámetros propios característicos de cada una recogidos en la tabla de la figura 2.2.

Parámetro	Circunferencia	Elipse	Parábola	Hipérbola
e	0	$0 < e < 1$	1	> 1
s	a	$a\,(1 - e^2)$	> 0	$a\,(e^2 - 1)$

Fig. 2.2

Parámetro	Circunferencia	Elipse	Parábola	Hipérbola
A_{Le}	0	$0 < A_{Le} < \mu$	μ	$> \mu$
h	$-\dfrac{\mu^2}{2\,L_e{}^2}$	$-\dfrac{\mu}{2\,a}$	0	$\dfrac{\mu}{2\,a}$
v^2	$\dfrac{\mu}{a}$	$\mu\left(\dfrac{2}{r} - \dfrac{1}{a}\right)$	$\dfrac{2\,\mu}{r}$	$\mu\left(\dfrac{2}{r} + \dfrac{1}{a}\right)$

Fig. 2.3

Como es de esperar y puede observarse en la tabla, es la energía por unidad de masa del cuerpo sujeto a un campo gravitatorio la que define el tipo de órbita que describirá. Si es nula, realizará una trayectoria parabólica. Si es positiva (si su energía cinética supera en módulo a su energía potencial), hiperbólica. Y si es negativa, elíptica, siendo la órbita circular un caso particular de esta para un valor de h concreto.

2.2 Velocidades de escape

Supuesta una masa m sujeta al campo gravitatorio de otra masa M inmóvil o, lo que es lo mismo al efecto, en órbita relativa en torno a M, y que en un instante dado presenta una velocidad v_0 normal al radio vector con origen en M como se indica en la figura 2.4, esta ilustra las diferentes trayectorias posibles a partir de ese punto en función de la norma de v_0 conforme a los resultados obtenidos en el apartado anterior:

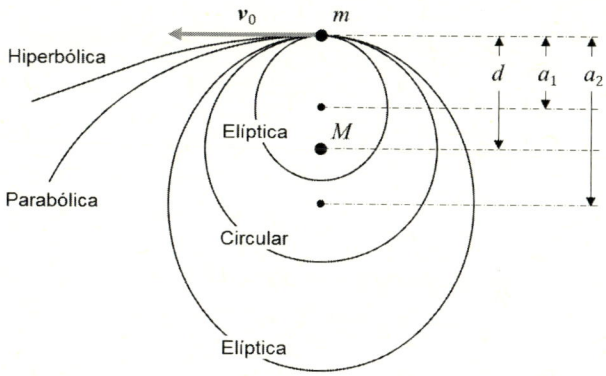

Fig. 2.4

Como se aprecia en el resumen de la tabla en la figura 2.3, para un valor de v_0:

$$v_0 = \sqrt{\frac{\mu}{d}} \qquad [2.12]$$

la masa m describirá una órbita circular de radio d. Si la masa M es una esfera perfecta de radio R y densidad uniforme, el valor máximo teórico de esta velocidad circular resulta entonces:

$$v_{Cmáx} = \sqrt{\frac{\mu}{R}} \qquad [2.13]$$

Este valor recibe el nombre de *primera velocidad cósmica* respecto a la masa M.

Si el valor de v_0 es:

$$v_0 = \sqrt{\frac{2\mu}{d}} \qquad [2.14]$$

la masa m adquirirá una órbita parabólica. El valor máximo teórico de esta velocidad parabólica, dependiendo del radio R de la esfera uniforme de masa M:

$$v_{Pmáx} = \sqrt{\frac{2\mu}{R}}$$ [2.15]

se denomina *segunda velocidad cósmica* [2] o *velocidad de escape* respecto a M. Es frecuente nombrarlo también, especificando más, *velocidad de escape en superficie*, reservando el término *velocidad de escape* a la velocidad parabólica correspondiente a una distancia d determinada según la expresión 2.14.

Para valores de v_0 mayores que la velocidad de escape la masa m seguirá una trayectoria hiperbólica.

Para valores de v_0 superiores a la velocidad circular pero inferiores a la velocidad parabólica la órbita de m será elíptica y M ocupará el foco más cercano a la posición inicial, correspondiendo esta al periastro. Para velocidades inferiores a la velocidad circular la órbita será también elíptica pero el foco ocupado por M será el más lejano a esta posición de inicio considerada, que coincidirá con el apoastro.

Para v_0 inferior a cierto valor la órbita será inestable y m terminará colisionando con M. El cálculo de este valor mínimo puede llegar a ser algo complicado, dependiendo del modelo físico elegido, y cae fuera del alcance de esta obra.

Las ecuaciones recogidas en la tabla 2.3 provienen de las soluciones a la ecuación del movimiento relativo de un sistema idealizado en régimen permanente. Según ellas, y como se deduce de la figura 2.4, la velocidad elíptica mínima teórica sería cero, correspondiendo a una elipse con $a_1 = d/2$ y los dos focos perteneciendo a la propia elipse lo que, en realidad, es una solución asintótica que representa un segmento recto de m a M.

En primera aproximación, la colisión se produciría para valores de v_0 no nulos para los que el periastro de la órbita quedara a distancia menor que R del centro de la masa M.

---

[2] En algunos textos los nombres de *primera* y *segunda velocidad cósmica* se aplican sólo en el caso de cuerpos orbitando la Tierra, definiendo entonces una *tercera velocidad cósmica* que corresponde a la velocidad de escape del Sistema Solar. Adviértase además que las ecuaciones 2.12 a 2.15 provienen de la solución completa al problema de los dos cuerpos y no de la aproximación para $M \gg m$.

2.3 Movimientos respecto al centro de masas

En el problema de los dos cuerpos pueden describirse no sólo la trayectoria relativa de un cuerpo respecto al otro sino también la de cada uno de ellos respecto al centro de masas del sistema. Eligiendo este como origen de coordenadas (el punto 0 en la figura 1.1) las fórmulas 1.24 y 1.25 se reducen a

$$r_1 = - \frac{m_2}{m_1 + m_2} \, r \qquad\qquad\qquad [2.16]$$

$$r_2 = \frac{m_1}{m_1 + m_2} \, r \qquad\qquad\qquad [2.17]$$

con lo que, teniendo en cuenta la relación 1.20 y eliminando r en la ecuación 1.21 resultan las igualdades:

$$\ddot{r}_1 = - \frac{\mu_1}{r_1{}^3} \, r_1 \qquad\qquad\qquad [2.18]$$

$$\ddot{r}_2 = - \frac{\mu_2}{r_2{}^3} \, r_2 \qquad\qquad\qquad [2.19]$$

con

$$\mu_1 = G \, \frac{m_2{}^3}{(m_1 + m_2)^2} \qquad\qquad\qquad [2.20]$$

$$\mu_2 = G \, \frac{m_1{}^3}{(m_1 + m_2)^2} \qquad\qquad\qquad [2.21]$$

Que son ecuaciones formalmente idénticas a la ecuación diferencial del movimiento relativo y cuyas soluciones son por tanto igualmente cónicas:

$$r_1 = \frac{s_1}{1 + e_1 \cos f_1} \qquad\qquad\qquad [2.22]$$

$$r_2 = \frac{s_2}{1 + e_2 \cos f_2} \qquad\qquad\qquad [2.23]$$

Como:

$$\boldsymbol{L}_{e1} = \boldsymbol{r}_1 \times \dot{\boldsymbol{r}}_1 \qquad\qquad\qquad [2.24]$$

$$\boldsymbol{L}_{e2} = \boldsymbol{r}_2 \times \dot{\boldsymbol{r}}_2 \qquad\qquad\qquad [2.25]$$

donde los radios vectores desde el centro de masas vienen dados por las expresiones 2.16 y 2.17, se verifica entonces:

$$\boldsymbol{L}_{e1} = \frac{m_2{}^2}{(m_1 + m_2)^2} \, \boldsymbol{L}_e \qquad\qquad\qquad [2.26]$$

$$L_{e2} = \frac{m_1{}^2}{(m_1 + m_2)^2} L_e \qquad\qquad [2.27]$$

siendo aquí L_{e1} y L_{e2} los momentos angulares específicos pero respecto al centro de masas.

De forma análoga a la ecuación 2.9, se tiene:

$$s_1 = \frac{L_{e1}{}^2}{\mu_1} \qquad\qquad [2.28]$$

$$s_2 = \frac{L_{e2}{}^2}{\mu_2} \qquad\qquad [2.29]$$

cumpliéndose, en el caso de órbitas elípticas:

$$s_1 = \frac{m_2}{m_1 + m_2} s \qquad\qquad [2.30]$$

$$s_2 = \frac{m_1}{m_1 + m_2} s \qquad\qquad [2.31]$$

En el problema de los dos cuerpos, las órbitas descritas por cada uno de ellos en torno al centro de masas del sistema tienen las siguientes propiedades:

❑ El propio centro de masas es foco común de ambas.

❑ La excentricidad de las dos es igual y la misma que la de la órbita relativa.

❑ El periastro de una está en dirección opuesta al de la otra.

❑ El periastro de la órbita relativa está en la misma dirección que el de una de ellas.

Y, en el caso de trayectorias elípticas, además:

❑ La suma de los semiejes mayores de cada una de ellas es igual al semieje mayor de la órbita relativa.

❑ Sus periodos son idénticos e iguales al de la órbita relativa.

Los movimientos orbitales respecto a un origen de coordenadas arbitrario suelen ser más sencillos de expresar matemáticamente descomponiéndolos en la suma vectorial de sus movimientos respecto al centro de masas más el movimiento propio de este, que es teóricamente fácil de considerar dada la ecuación 1.27 que lo describe.

2.4 Ley horaria del movimiento

La ecuación 2.8, que relaciona las coordenadas polares del cuerpo en su órbita, no contiene la variable temporal por lo que no es posible a través ella conocer la posición en un instante determinado, salvo que dispusiéramos de la expresión de la anomalía verdadera en función del tiempo.

Realizando el cambio de variable:

$$d\tau = \frac{1}{r}\, dt$$ [2.32]

donde τ es el *pseudotiempo de Sundman*, con origen en la época de paso del cuerpo por el periastro, si el origen de tiempos es también el mismo entonces:

$$t = \int_0^\tau r(\tau)\, d\tau$$ [2.33]

y se llega a una ecuación equivalente a la del movimiento relativo 1.21:

$$\boldsymbol{v}' = -\frac{\mu}{r^2}\, \boldsymbol{r}$$ [2.34]

pero donde la comilla indica ahora la derivada respecto al pseudotiempo τ.

Y de la igualdad anterior, teniendo en cuenta la relación 2.32, con lo que:

$$r' = r\, \dot{r}$$ [2.35]

y la expresión de la norma de la velocidad derivada de la definición 1.30:

$$v = \sqrt{2\left(h + \frac{\mu}{r}\right)}$$ [2.36]

se obtiene la ecuación:

$$r'' - 2\, h\, r - \mu = 0$$ [2.37]

Como puede apreciarse, la igualdad anterior es una ecuación diferencial lineal de segundo orden con coeficientes constantes en t, cuya solución será la ley horaria del movimiento buscada.

En el capítulo siguiente se recogen las soluciones particulares para cada tipo de cónica, que vendrán determinadas por el valor y signo de h característicos de cada una de ellas.

3 Órbitas

3.1 Elípticas

Para $h < 0$ y teniendo en cuenta que en el origen de pseudotiempos se considera que el cuerpo que orbita debe encontrarse en el periastro, es decir:

$$r(0) = a\,(1 - e) \tag{3.1}$$

la solución a la ecuación diferencial 2.37 resulta:

$$r = a\,(1 - e\cos E) \tag{3.2}$$

con

$$E = \sqrt{-2\,h}\,\tau \tag{3.3}$$

La variable E es un ángulo (compruébese, a la vista de la definición 2.32, que la expresión anterior es adimensional) y se denomina *anomalía excéntrica*.

Pero la solución anterior relaciona la norma del radio vector con el pseudotiempo, no con el tiempo.

Si consideramos una órbita ficticia circular, concéntrica con la órbita elíptica real y de radio igual al semieje mayor de esta, el cuerpo la recorrería a una velocidad angular constante n tal que:

$$n = \frac{2\,\pi}{T} \tag{3.4}$$

donde T sería el periodo tanto de la órbita ficticia como de la real. Llamando t_0 al instante de paso por el periastro, el ángulo:

$$M = n\,(t - t_0) \tag{3.5}$$

recibe el nombre de *anomalía media*.

Combinando las ecuaciones 2.33, 3.2 y 3.3 se tiene:

$$t - t_0 = \frac{a}{\sqrt{-2\,h}}\,(E - e\,sen\,E) \tag{3.6}$$

Y considerando que, según la tercera ley de Kepler:

$$n = \sqrt{\frac{\mu}{a^3}} \tag{3.7}$$

y que el valor de h para una elipse, conforme se recoge en la tabla de la figura 2.3, es:

$$h = -\frac{\mu}{2\,a} \tag{3.8}$$

se llega a la expresión:

$$M = E - e\ sen\ E \tag{3.9}$$

conocida como ecuación de Kepler [3].

La figura 3.1 recoge una representación gráfica del significado geométrico de las distintas variables citadas.

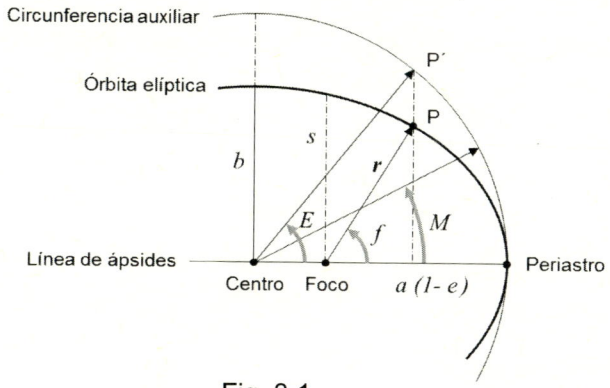

Fig. 3.1

La ecuación de Kepler ya sí permite conocer la posición P del cuerpo en su órbita, determinada por la anomalía excéntrica, en función del tiempo (a través de la dependencia 3.5) pero es una ecuación trascendente sin solución analítica cerrada por lo que hay que recurrir a métodos numéricos para resolverla.

Como puede deducirse de la figura 3.1, si la excentricidad de la órbita es pequeña (en las órbitas de los planetas del Sistema Solar, con los que trabajó Kepler, lo son) los valores de E y M serán muy cercanos y el método más sencillo para resolver

[3] La ecuación de Kepler es tres siglos anterior a los trabajos de Sundman por lo que resulta obvio que no es necesario recurrir a la definición del pseudotiempo τ para demostrarla en el caso de órbitas elípticas. Se deduce directamente expresando el radio vector del modo:

$$\boldsymbol{r} = a\,(cos\,E - e\,)\,\boldsymbol{i} + b\ sen\ E\ \boldsymbol{j}$$

donde $\boldsymbol{i}$ y $\boldsymbol{j}$ son, respectivamente, los vectores unitarios en las direcciones de los semiejes mayor y menor. Puede comprobarse sin dificultad que la raíz cuadrada del producto vectorial de $\boldsymbol{r}$ por sí mismo (es decir, su norma) es entonces precisamente la expresión 3.2.

la ecuación, aunque existen fórmulas más generales o que pueden converger más rápidamente, es mediante aproximaciones sucesivas, construyendo la sucesión de la forma:

$$E_0 = M$$

$$E_{i+1} = M + e \; sen \; E_i$$

[3.10]

e iterando hasta que la diferencia $E_{i+1} - E_i$ sea menor que el error estimado deseado, observando que en la ecuación de Kepler tal y como está formulada aquí E y M deben estar expresadas en radianes.

Establecida la dependencia con el tiempo de las anomalías media y excéntrica, es necesario conocer su relación con la anomalía verdadera para poder utilizar la ecuación intrínseca de la órbita dada en 2.8. Para ello basta con recurrir a igualar las expresiones de la norma del radio vector dadas por la propia ecuación 2.8 y por la 3.2, de donde se obtiene directamente:

$$\cos f = \frac{\cos E - e}{1 - e \cos E}$$

[3.11]

De la igualdad anterior, aplicando las razones trigonométricas entre seno y coseno y del ángulo mitad, se deriva:

$$tan \; \frac{f}{2} = \sqrt{\frac{1+e}{1-e}} \; tan \; \frac{E}{2}$$

[3.12]

que es una fórmula más útil en la práctica y más frecuente de encontrar en los textos sobre la materia ya que permite calcular de forma directa tanto la anomalía verdadera en función de la excéntrica como a la inversa y no presenta el inconveniente de tener que resolver la ambigüedad en el cuadrante propia de la función coseno.

3.2 Parabólicas

Para $h = 0$ y siendo que, como se recoge en la figura 3.2, en este caso en el periastro se cumple:

$$r(0) = s / 2 \qquad \text{[3.13]}$$

la solución a la ecuación 2.37 es entonces:

$$r = \frac{1}{2} (\mu \, \tau^2 + s) \qquad \text{[3.14]}$$

Expresión que, al igual que la solución dada en 3.2 para órbitas elípticas, proporciona la norma del radio vector en función del pseudotiempo de Sundman. De la relación 2.33 se deriva en este caso la igualdad:

$$t - t_0 = \frac{s}{2} \, \tau + \frac{\mu}{6} \, \tau^2 \qquad \text{[3.15]}$$

que se conoce como *ecuación de Barker*.

E igualando también las normas del radio vector dadas por las ecuaciones 2.8 y 3.14 se llega aquí a la ley horaria del movimiento para trayectorias parabólicas [4]:

$$t - t_0 = \sqrt{\frac{s^3}{\mu} \left(\frac{1}{2} \, tan \, \frac{f}{2} + \frac{1}{6} \, tan^3 \, \frac{f}{2} \right)} \qquad \text{[3.16]}$$

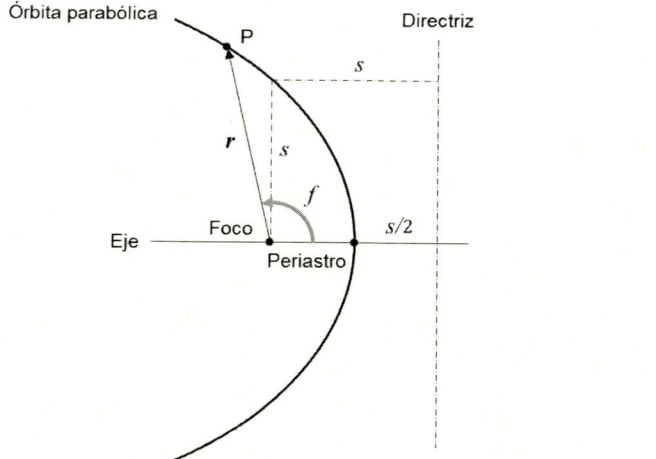

Fig. 3.2

---

[4] En algunos textos aparece referenciada igualmente como *ecuación de Barker*.

Para las órbitas abiertas, que no son periódicas, no cabe la definición en sentido estricto de anomalía media. Sin embargo, por extensión, se define como *anomalía media parabólica* la variable adimensional:

$$M_p = \sqrt{\frac{\mu}{s^3}}\,(t - t_0)$$

[3.17]

que se interpreta también como ángulo en radianes.

La expresión 3.16 permite conocer el tiempo cronológico transcurrido desde (o hasta, con signo negativo) el paso del cuerpo por el periastro, conocido usualmente como *tiempo de vuelo* [5], en función de la anomalía verdadera. Sin embargo y como puede apreciarse, el cálculo inverso no parece inmediato.

En los textos sobre la materia pueden encontrarse diferentes métodos para obtener expresión de la anomalía verdadera en función del tiempo haciendo uso de la definición de variables intermedias. La ecuación 3.16 sí tiene, en cualquier caso, solución inversa cerrada única en función de la anomalía media parabólica:

$$f = 2\,arctan\left(\sqrt[3]{\vartheta_p} - \frac{1}{\sqrt[3]{\vartheta_p}}\right)$$

[3.18]

$$\vartheta_p = 3\,M_p + \sqrt{9\,M_p{}^2 + 1}$$

y, a partir de la definición 3.17, del tiempo.

En el caso de las trayectorias parabólicas, ni la anomalía media ni los semiejes, que no aparecen en su ecuación característica, tienen sentido físico inmediato.

---

[5] Aunque la definición dada aquí es más general, es frecuente encontrar el término *tiempo de vuelo* como sinónimo del tiempo transcurrido *desde* (y no *hasta*) el periastro. En la órbita parabólica la velocidad para $r = \infty$ es cero ya que en ese punto tanto el potencial gravitatorio como la energía por unidad de masa son nulos por lo que, en realidad, en el problema de los dos cuerpos la órbita parabólica completa es una solución teórica que solo puede ocurrir de forma asintótica. En la práctica, las trayectorias parabólicas son propias de vehículos espaciales, donde puede asumirse que, al menos aproximadamente, el periastro se sitúa en la propia superficie de la Tierra, con lo que cobra sentido tanto el término elegido como su interpretación restringida a $t > t_0$.

3.3 Hiperbólicas

Para valores estrictamente positivos de la energía por unidad de masa y puesto que en la trayectoria hiperbólica se tiene:

$$r(0) = a\,(e-1) \qquad\qquad [3.19]$$

$$a = \mu\,/\,2\,h \qquad\qquad [3.20]$$

la solución en pseudotiempos para la ecuación 2.37 es ahora:

$$r = a\,(e\cosh F - 1) \qquad\qquad [3.21]$$

donde F:

$$F = \sqrt{2\,h}\,\tau \qquad\qquad [3.22]$$

se denomina *anomalía hiperbólica* [6].

La integración de 2.33, considerando la norma del radio vector dada por la relación 3.21, conduce a una ecuación similar a la de Kepler:

$$M_h = e\,\operatorname{senh} F - F \qquad\qquad [3.23]$$

donde la formulación de M_h coincide con la de la anomalía media de las órbitas elípticas:

$$M_h = (t - t_0)\sqrt{\dfrac{\mu}{a^3}} \qquad\qquad [3.24]$$

Y análogamente a los casos anteriores, igualando las expresiones de la norma del radio vector dadas por la ecuación intrínseca de la cónica y por 3.21 y aplicando las relaciones trigonométricas del ángulo mitad se llega a la relación entre las anomalías verdadera e hiperbólica:

$$\tan\frac{f}{2} = \sqrt{\frac{e+1}{e-1}}\,\tanh\frac{F}{2} \qquad\qquad [3.25]$$

En las trayectorias hiperbólicas la anomalía verdadera para $r = \infty$ coincide con el ángulo que forma la asíntota con el eje [7], contado en el mismo sentido:

[6] Por la similitud formal de las expresiones 3.21 y 3.22 con las ecuaciones correspondientes de las órbitas elípticas algunos textos mantienen el nombre de *anomalía excéntrica* a pesar de que aquí carece del significado geométrico que presenta en estas últimas.

[7] Al igual que en las órbitas parabólicas, suele conservarse el nombre de *línea de ápsides* para el eje de la cónica, aunque en sentido estricto ápside sólo hay uno en estos dos casos.

$$f_{\infty} = arccos\left(-\frac{1}{e}\right) \qquad [3.26]$$

Y la velocidad v_{∞} con la que el cuerpo en órbita llegaría a esa distancia infinita del foco, que se denomina *exceso de velocidad hiperbólica*, se deduce directamente de la expresión incluida en la tabla de la figura 2.3:

$$v_{\infty} = \sqrt{\frac{\mu}{a}} \qquad [3.27]$$

cumpliéndose:

$$v^2(r) = v_e{}^2(r) + v_{\infty}{}^2 \qquad [3.28]$$

donde $v_e(r)$ es la velocidad de escape correspondiente a la distancia r dada por la fórmula 2.14.

La figura 3.3 muestra un esquema con la representación gráfica de las principales variables involucradas en una trayectoria hiperbólica [8].

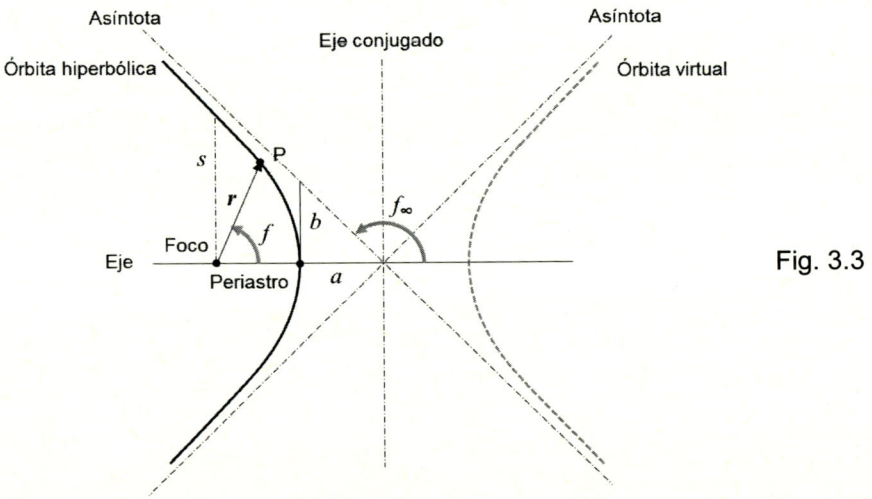

Fig. 3.3

La órbita virtual es la solución matemática que correspondería a una atracción gravitatoria de signo contrario (repulsiva) y la notación de a y b como semiejes mayor y menor (respectivamente, que es como está indicado en la figura, con el eje

[8] Es frecuente en textos de matemáticas puras encontrar indicado que el semieje mayor de una hipérbola, en tanto que se mide en dirección contraria al foco respecto del vértice, tiene valor negativo. En esta obra se sigue el criterio contrario, considerándolo positivo, apreciando que así presenta un significado físico más directo.

conjugado en posición vertical) o viceversa depende de la nomenclatura considerada en la ecuación canónica. Si la ecuación se escribe en la forma paramétrica [9]:

$$x = \pm a \cosh \vartheta \qquad [3.29]$$

$$y = b \operatorname{senh} \vartheta \qquad [3.30]$$

ϑ recibe aquí el nombre de *anomalía virtual*, proviniendo el término de la similitud formal de las ecuaciones 3.29 y 3.30 con las paramétricas de la elipse:

$$x = a \cos E \qquad [3.31]$$

$$y = b \operatorname{sen} E \qquad [3.32]$$

donde E es la anomalía excéntrica.

---

[9] Como puede apreciarse, el doble signo en la coordenada del eje de abscisas recoge la expresión de las dos ramas de la hipérbola aunque una de ellas corresponde a la órbita virtual.

3.4 Elementos orbitales

La órbita de un cuerpo m en el espacio respecto de su foco y de un plano de referencia (en el caso del Sistema Solar, la posición del Sol y usualmente el plano de la eclíptica) queda íntegramente descrita para una época determinada por las seis constantes siguientes, que se denominan *elementos orbitales*:

- El semieje mayor de la órbita a.

- La excentricidad de la órbita e [10].

- La inclinación del plano orbital i respecto al plano de referencia. Se suele aceptar de forma convencional que $0 \leq i < \pi/2$ si, visto el cuerpo desde el lado positivo del eje de referencia, gira en sentido contrario a las agujas del reloj (órbita directa) y $0 \geq i > -\pi/2$ o $\pi/2 > i \geq \pi$ en caso contrario (órbita retrógrada).

- El *ángulo del nodo* Ω, que es el ángulo que forma la dirección del nodo ascendente con el semicírculo secundario de referencia (en el caso del Sistema Solar, usualmente la del primer máximo de longitud), considerado este como origen de longitudes en el plano de referencia.

- El *argumento del periastro* ω, que es el ángulo que forman, desde el centro del sistema de referencia, las direcciones del nodo ascendente, considerado como origen de longitudes en el plano orbital, y la del punto del periastro.

- La época de paso t_P del cuerpo por un punto determinado de su órbita (el periastro, normalmente).

La figura 3.4 muestra un esquema donde se identifican.

También se encuentran en la literatura variantes, en todo equivalentes, de las constantes que se consideran elementos orbitales. Las más frecuentes aunque no las únicas son:

- El periodo orbital T en lugar del semieje mayor (relacionados directamente por la constante de Kepler).

- La longitud del periastro ϖ en lugar del ángulo del nodo o del argumento del periastro. Entre las tres constantes se cumple la relación:

$$\varpi = \omega + \Omega \qquad [3.33]$$

por lo que cabe observar que la longitud del periastro es la suma de dos ángulos medidos sobre planos distintos.

[10] No es infrecuente encontrar citado que para órbitas circulares o parabólicas, como la excentricidad siempre es 0 o 1 respectivamente, los elementos orbitales sean cinco.

❑ La anomalía media o la verdadera [11] de una época determinada en lugar de la de paso por el periastro (que se encuentran relacionadas por la ley horaria del movimiento).

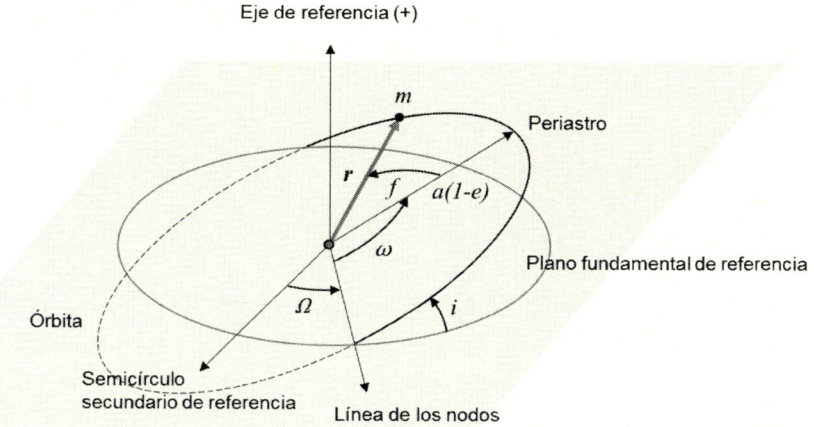

Fig. 3.4

La ecuación que rige el movimiento relativo de un cuerpo en órbita en torno a otro, recogida en 1.21, es una ecuación diferencial de segundo orden en un espacio tridimensional, por lo que su solución exige la determinación de seis constantes de integración.

Las soluciones al problema de los dos cuerpos ofrecidas en el capítulo 2 asumen implícitamente que dichas constantes son las condiciones iniciales de posición y velocidad del cuerpo en órbita.

Los elementos orbitales de ese cuerpo en esa órbita relativa son igualmente esas seis constantes de integración, aunque alternativas, que tienen la ventaja de presentar un significado físico y astronómico mucho más directo que el momento angular o el vector de Laplace, que se derivan de las citadas condiciones iniciales de posición y velocidad.

En la realidad los elementos orbitales no son constantes. Varían de forma continua por los efectos sobre la órbita del cuerpo, llamados *perturbaciones*, debidos a múltiples causas (presencia de otros campos gravitatorios, efectos relativistas, etc.)

---

[11] No es habitual utilizar la anomalía excéntrica.

por lo que se encuentran descritos valores algo diferentes según las fuentes, dependiendo de la época de referencia en la que han sido medidos o para la que han sido calculados.

La variación del argumento del periastro con el tiempo (formalmente, su derivada respecto a él) se denomina *precesión apsidal* y causa que los planetas en torno al Sol describan realmente no una trayectoria elíptica respecto a una referencia inercial sino una sucesión de ellas.

3.5 Perturbaciones

En la situación general de n cuerpos sometidos a atracción gravitatoria mutua, la descripción de la órbita del cuerpo k respecto a un origen de coordenadas arbitrario vendría dada por la solución a la ecuación diferencial vectorial:

$$\ddot{\boldsymbol{r}}_k = - G \sum_{i=1, i \neq k}^{i=n} m_i \frac{\boldsymbol{r}_k - \boldsymbol{r}_i}{\|\boldsymbol{r}_k - \boldsymbol{r}_i\|^3} \qquad [3.34]$$

donde m_i y $\boldsymbol{r}_i$ son, respectivamente, la masa del cuerpo i y su radio vector desde el origen elegido, ecuación que no es sino una generalización de las fórmulas 1.21 y 1.22.

Sin embargo, a la fecha no se conoce solución analítica a la ecuación anterior para $n > 2$ y, según los trabajos de Poincaré publicados a finales del siglo XIX, no existe porque el número de constantes de integración determinables es inferior al necesario [12].

La realidad física subyacente, en todo caso, es que las observaciones realizadas y las soluciones para $n > 2$ obtenidas mediante métodos numéricos demuestran que las órbitas resultantes para los n cuerpos considerados difieren radicalmente para pequeñas variaciones en sus condiciones iniciales.

En el estudio, por ejemplo, de planetas orbitando en el Sistema Solar, la solución se aproxima entonces por la del movimiento kepleriano para dos cuerpos, considerando que el efecto de la atracción del resto de planetas, mucho menor que la del Sol, lo que produce es una perturbación en la órbita relativa descrita por las ecuaciones 1.21 y 1.22.

Formalmente, considerando un problema de $n + 1$ cuerpos donde una masa m_0 es mucho mayor que el resto y eligiendo la posición de este astro con masa m_0 como origen de coordenadas, la expresión 3.34 puede escribirse como:

$$\ddot{\boldsymbol{r}}_k + \mu_k \frac{\boldsymbol{r}_k}{\|\boldsymbol{r}_k\|^3} = - G \sum_{i=1, i \neq k}^{i=n} m_i \left(\frac{\boldsymbol{r}_k - \boldsymbol{r}_i}{\|\boldsymbol{r}_k - \boldsymbol{r}_i\|^3} + \frac{\boldsymbol{r}_i}{\|\boldsymbol{r}_i\|^3} \right) \qquad [3.35]$$

[12] A principios del siglo XX el matemático finlandés Sundman sí demostró que existe una solución particular para $n = 3$ en forma de desarrollo en serie, aunque no es una solución analítica estrictamente hablando (no es cerrada) y su convergencia es tan lenta que hasta el momento no se le ha encontrado utilidad práctica.

con

$$\mu_k = G\,(m_0 + m_k) \tag{3.36}$$

El miembro de la derecha en la igualdad 3.35 representa así el efecto de las perturbaciones en la órbita del cuerpo k en torno al de masa m_0 causadas por el resto de masas. Si estas no existieran sería igual a cero y obviamente la ecuación resultante sería exactamente la misma que la ecuación del movimiento relativo 1.21.

En el caso general el miembro de la derecha no es cero pero sí muy pequeño en comparación con el término:

$$\mu_k \frac{r_k}{\|r_k\|^3} \tag{3.37}$$

si las normas de los radios vectores r_k son comparables (es decir, que los n cuerpos no están mucho más cerca entre sí que del cuerpo central) ya que, por el postulado de inicio, se cumple:

$$\mu_k \gg G \sum m_i \tag{3.38}$$

Lo que equivale a demostrar entonces que en el caso supuesto, no exacta pero sí aproximadamente, la solución es la del movimiento relativo kepleriano.

En las obras especializadas sobre la materia pueden encontrarse descripciones matemáticas cuantificando las perturbaciones en forma de serie de potencias o bien directamente tabuladas, aunque hay que advertir que usualmente incluyen también el efecto de las perturbaciones originadas por otras causas, principalmente por el hecho de que los astros no son esferas perfectas de densidad uniforme.

Precisamente por la distinta naturaleza de los fenómenos que pueden causar perturbaciones en los elementos orbitales, estas se agrupan en dos categorías distintas:

- *Perturbaciones seculares*. Varían lentamente con el tiempo y son acumulativas a lo largo de este. Dependen de la disposición relativa de las órbitas involucradas entre sí y afectan al ángulo del nodo y a la longitud del periastro.

- *Perturbaciones periódicas*. Dependen de la posición concreta de los astros en sus órbitas. Si estas son cerradas, la posición relativa entre ellos se repite cada cierto tiempo y son por tanto cíclicas. Afectan a todos los elementos orbitales.

4 Movimientos aparentes geocéntricos

4.1 Periodos orbitales relativos

Para dos cuerpos I y E que orbitan en torno a un tercero C, como en el esquema de la figura 4.1, recibe el nombre de *periodo sinódico* el intervalo de tiempo que transcurre hasta que vuelven a encontrarse en la misma posición relativa, es decir, hasta que se repite la diferencia entre las longitudes de sus posiciones relativas a C, cualesquiera que sean estas [13].

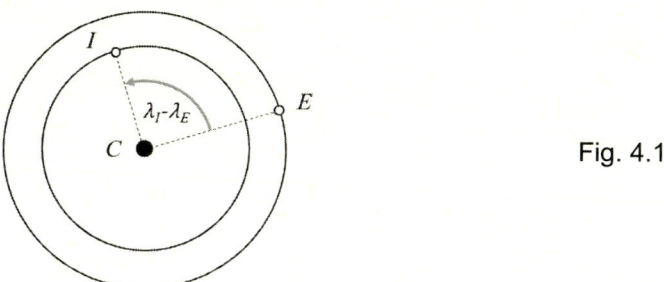

Fig. 4.1

Si las órbitas de I y E son circulares y coplanarias, la velocidad angular relativa de uno respecto a otro ω_R es constante y resulta simplemente la diferencia entre sus velocidades angulares ω_I y ω_E respecto a C:

$$\omega_R = \omega_I - \omega_E \qquad [4.1]$$

La expresión anterior es siempre positiva de acuerdo a la tercera ley de Kepler y de ella se deduce directamente la relación entre el periodo sinódico y los periodos sidéreos de I y E:

$$\frac{1}{T_{sin}} = \frac{1}{T_{sidI}} - \frac{1}{T_{sidE}} \qquad [4.2]$$

En el caso de la Tierra y otro planeta P orbitando en torno al Sol, el periodo sinódico es el periodo orbital aparente de P visto desde aquella y la fórmula 4.2 se escribe:

$$\frac{1}{T_{sin}} = \frac{1}{T_{sidP}} - \frac{1}{T_{sidT}} \qquad [4.3]$$

si P describe una órbita interior a la terrestre. Y si es exterior:

$$\frac{1}{T_{sin}} = \frac{1}{T_{sidT}} - \frac{1}{T_{sidP}} \qquad [4.4]$$

---

[13] Aunque en muchos textos se especifica para $\lambda_I - \lambda_E = 0$, con I y E en conjunción, ya que las órbitas en realidad no son circulares.

Notándose que, conforme a la aproximación a la tercera ley de Kepler dada por la ecuación 1.3, y expresando el semieje mayor [14] a_P del planeta en ua, su periodo sinódico en años sidéreos depende sólo de este semieje mayor según la expresión:

$$T_{sin} = \frac{\pm\sqrt{a_P{}^3}}{1 - \sqrt{a_P{}^3}}$$

[4.5]

donde el signo positivo corresponde a un planeta interior y el negativo a uno exterior.

[14] Como en prácticamente todos los textos de nivel de dificultad comparable, por obligada simplicidad de cálculo se mantendrá durante todo el contenido del capítulo la hipótesis adoptada en la relación 4.1 de que todos los planetas describen órbitas circulares y coplanarias, con lo que los valores de sus semiejes mayores se suelen sustituir por los de sus distancias medias al Sol. En realidad, aunque sus excentricidades son pequeñas y sus órbitas se encuentran contenidas en planos próximos a la eclíptica, no lo son y están sujetas a perturbaciones por lo que los periodos sinódicos no son constantes. El caso más notable es el correspondiente a Marte, que puede experimentar diferencias cercanas al mes.

4.2 Posiciones geocéntricas

La figura 4.2 muestra el esquema genérico de la posición relativa de un planeta respecto a la Tierra y al Sol.

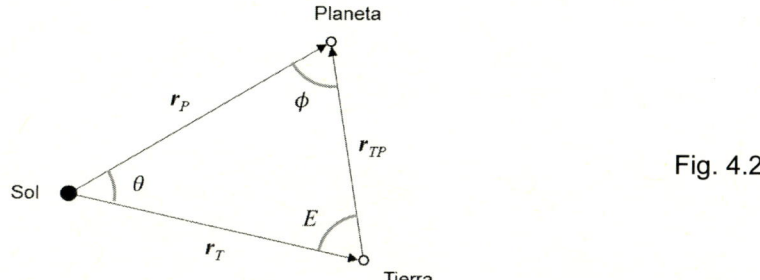

Fig. 4.2

Los ángulos E y ϕ se denominan *elongación* y *ángulo de fase* respectivamente. Al estar contenidos en el mismo plano, de la figura se desprende de forma inmediata que cumplen las relaciones:

$$\cos \phi = \frac{r_P}{\|r_P\|} \cdot \frac{r_{TP}}{\|r_{TP}\|}$$ [4.6]

$$\cos E = -\frac{r_T}{\|r_T\|} \cdot \frac{r_{TP}}{\|r_{TP}\|}$$ [4.7]

El diagrama general de la figura 4.2, particularizado para el caso de planetas con órbitas interiores, se detalla en la figura 4.3

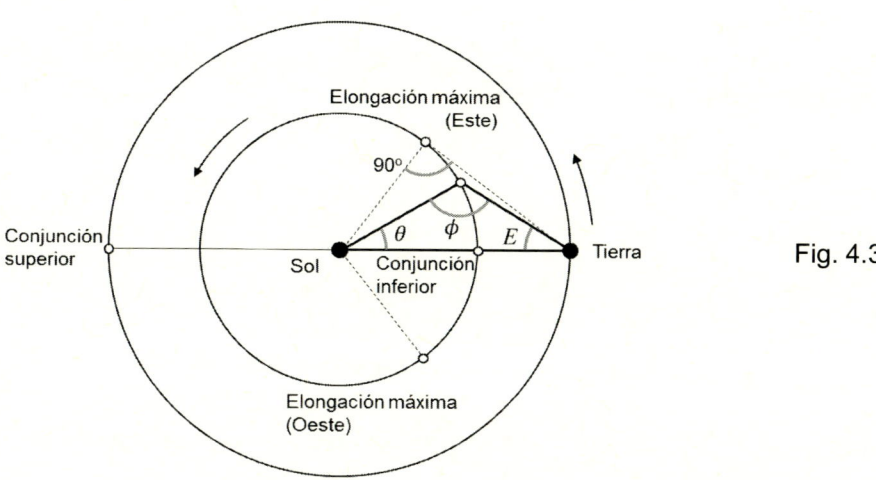

Fig. 4.3

Cuando coinciden las longitudes eclípticas heliocéntricas de la Tierra y del planeta se produce una *conjunción inferior*. Cuando difieren 180° la posición relativa se denomina *conjunción superior*.

Si la órbita del planeta fuera coplanaria con la de la Tierra en cada conjunción superior se produciría una *ocultación* [15] y en cada conjunción inferior un *tránsito*, lo que en realidad no ocurre siempre por la inclinación de la órbita del planeta respecto de la eclíptica, que además es mayor en los planetas interiores que en los exteriores.

En la conjunción inferior la elongación es cero, creciendo hasta alcanzar un máximo para una posición con un valor del ángulo de fase igual a 90°. Del teorema de los senos para la trigonometría plana se infiere también de forma inmediata el valor de esta elongación máxima, que con el radio de la órbita del planeta a_P expresado en unidades astronómicas, resulta:

$$E_{max} = arcsen\ (a_P)$$ [4.8]

Valor que en realidad no es constante debido a la excentricidad de las órbitas.

Desde la posición anterior la elongación vuelve a disminuir hasta anularse de nuevo en la conjunción superior, que alcanzará transcurrido medio año sinódico desde la inferior.

Para poder identificar con las respectivas distancias angulares Tierra-planeta vista desde el Sol y Sol-planeta vista desde la Tierra, los ángulos θ y E se consideran en el intervalo $[0, \pi]$, indicando si es preciso la orientación este u oeste.

Así, las elongaciones hacia el este y oeste de la posición orbital de la Tierra reciben los nombres de *elongación occidental* y *elongación oriental* respectivamente, proviniendo los términos de la situación relativa de los planetas respecto del Sol vistos desde la Tierra y no de la dirección hacia la que se ven desde esta.

Y para la distancia angular θ en los respectivos semiplanos este y oeste resulta entonces:

$$\theta = 2\,\pi\,\left(\frac{t}{T_{sin}}\right) \qquad \text{para} \quad t \le T_{sin}/2$$

$$\theta = 2\,\pi\,\left(1 - \frac{t}{T_{sin}}\right) \quad \text{para} \quad t > T_{sin}/2$$ [4.9]

siendo t el tiempo transcurrido desde la última conjunción planetaria.

[15] Ver apartado 15.

En la figura 4.4 se muestra un esquema de las posiciones relativas respecto al Sol y a la Tierra correspondiente a un planeta exterior.

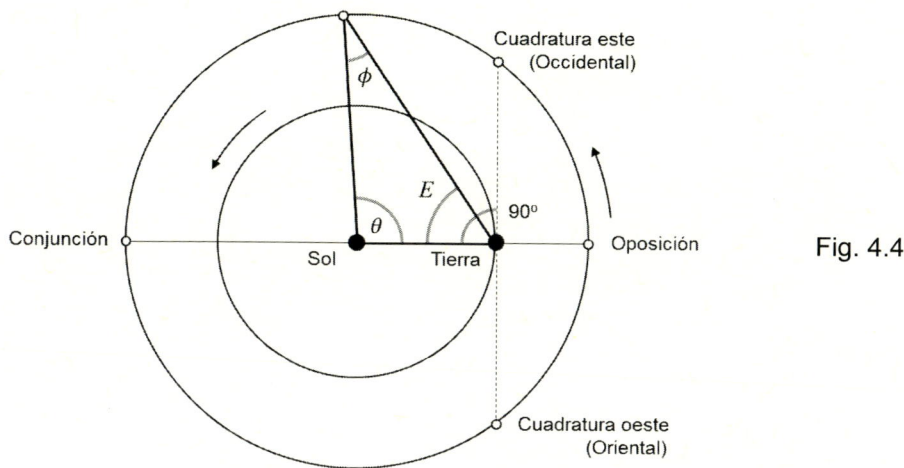

Fig. 4.4

Para un planeta exterior la elongación puede tomar cualquier valor entre 0 y π. Cuando $E = 0°$ el planeta está en *conjunción*. Cuando $E = 90°$ está en *cuadratura* y si $E = 180°$ se produce una *oposición*.

El máximo ángulo de fase [16] ocurre cuando el planeta está en cuadratura, siendo inmediato deducir de la geometría de la posición recogida en el gráfico que su valor es:

$$\phi_{max} = arcsen \left(\frac{1}{a_P} \right)$$ [4.10]

cuando el radio de la órbita del planeta a_P se indique igualmente en unidades astronómicas.

Nótese que en el caso de los planetas interiores el movimiento aparente de estos se produce desde la posición de elongación máxima occidental hacia la conjunción superior, en tanto que para los exteriores, con menor velocidad angular que la Tierra, es a la inversa, desde la cuadratura oriental hacia la conjunción.

[16] En la práctica, el ángulo que forman el Sol, el cuerpo observado y el observador en la Tierra varía con la posición de aquel sobre la superficie terrestre por lo que pueden encontrarse en la literatura diferenciados el ángulo de fase *topocéntrico* y el *geocéntrico*.

4.3 Movimiento retrógrado aparente

En el Sistema Solar todos los planetas orbitan en sentido directo, de oeste a este. Sin embargo, cuando la longitud eclíptica heliocéntrica de un planeta se aproxima a la de otro que presenta menor velocidad angular, la perspectiva desde la que se ven recíprocamente contra el fondo de estrellas hace que, en apariencia, inviertan el sentido de su trayectoria durante un tiempo.

Cuando el planeta exterior es la Tierra, la situación ocurre cerca de la conjunción inferior, como se recoge en el esquema de la figura 4.5.

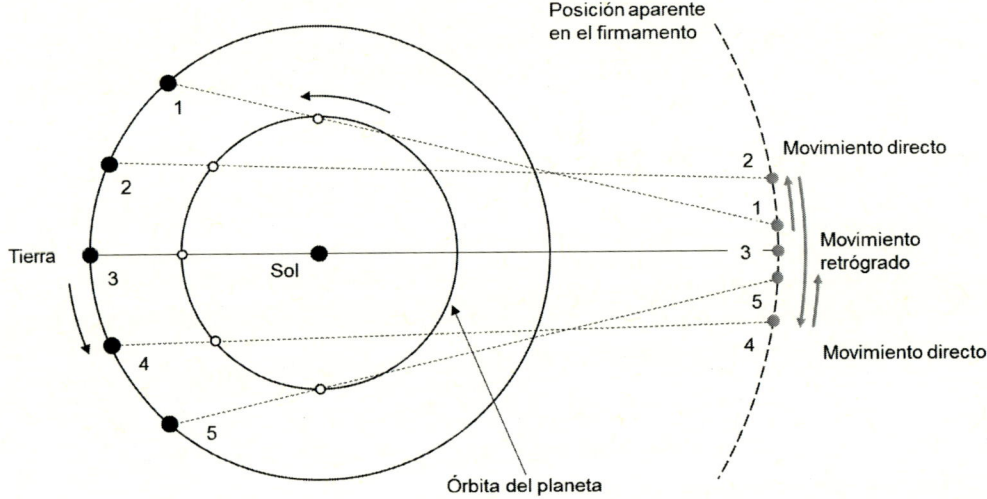

Fig. 4.5

Y cuando es la Tierra el planeta interior, el croquis de la posición es el de la figura 4.6 y el movimiento retrógrado aparente se produce cerca de la oposición.

Las posiciones del planeta observado por donde pasan las líneas de visión desde la Tierra numeradas como 2 y 4 en las figuras, posiciones en las que su movimiento aparente se detiene y pasa de directo a retrógrado y viceversa respectivamente [17], reciben el nombre de *puntos estacionarios*.

[17] Como puede apreciarse, los dibujos no están a escala. Son genéricos e ilustrativos y para mayor claridad en los mismos las posiciones marcadas en ellos no tienen por qué ser rigurosamente exactas.

La distancia angular Tierra-planeta vista desde el Sol θ_e y la elongación E_e que corresponden a dichos puntos estacionarios, expresando el radio de su órbita a_P en ua, la dan las relaciones [18]:

$$\theta_e = arccos\left(\frac{a_P + \sqrt{a_P}}{\sqrt{a_P^3 + 1}}\right) \qquad\qquad [4.11]$$

$$E_e = arctan\left(\pm\frac{a_P}{\sqrt{a_P + 1}}\right) \qquad \text{(planeta interior)}$$
$$\qquad\qquad\qquad\qquad\qquad\qquad\qquad\qquad\qquad [4.12]$$
$$E_e = 180° - arctan\left(\pm\frac{a_P}{\sqrt{a_P + 1}}\right) \qquad \text{(planeta exterior)}$$

En tanto que el tiempo Δt en el que el planeta permanece en ese movimiento retrógrado aparente resulta:

$$\Delta t = \frac{\theta_e^{\,rad}}{\pi}\, T_{sin} \qquad\qquad [4.13]$$

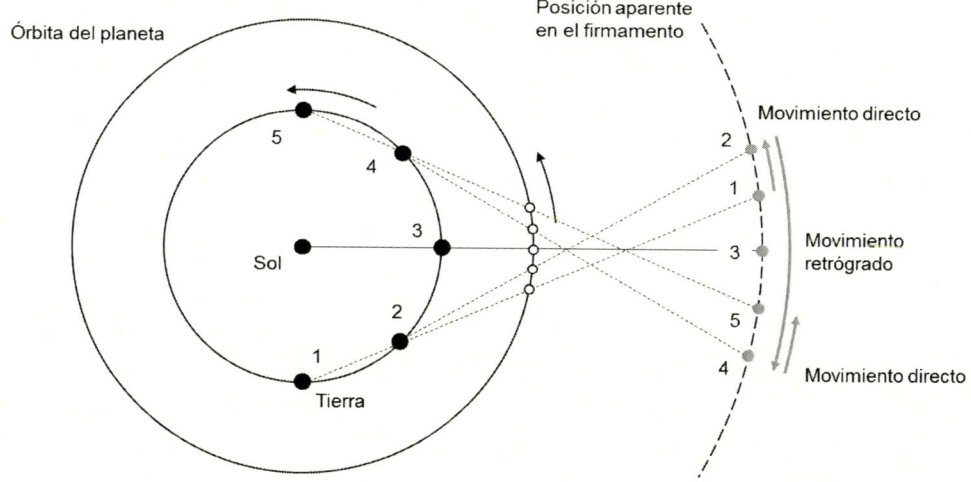

Fig. 4.6

[18] Como se indicó en el apartado anterior, tanto la distancia angular Tierra-planeta vista desde el Sol como la elongación se definen en el intervalo $[0, \pi]$. El coseno es una función par por lo que la ecuación 4.11 presenta dos soluciones matemáticas que corresponden aquí al mismo ángulo θ_e pero considerado en dirección este u oeste. El doble signo dentro del argumento de la función arco tangente de la ecuación 4.12 debe entenderse como el formalismo necesario para que el resultado de E_e esté siempre dentro del intervalo tanto para la elongación occidental como oriental.

4.4 Semidiámetros y fases

Cuando desde una ubicación a distancia conocida un astro presenta un disco visible con dimensión angular apreciable, el tamaño del astro puede obtenerse a partir de dicha dimensión angular por simple trigonometría. Es el caso del Sol, la Luna y planetas del Sistema Solar vistos desde la Tierra, como se recoge en el esquema de la figura 4.7.

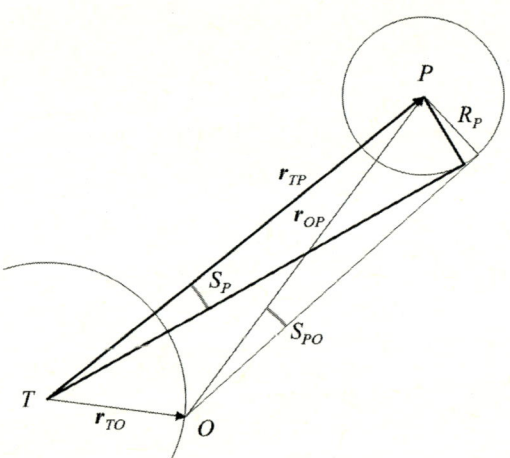

Fig. 4.7

El radio del cuerpo R_P viene dado entonces por

$$R_P = \|\boldsymbol{r}_{OP}\|\ sen\ S_{PO} \tag{4.14}$$

donde el radio angular S_{PO}, que se suele denominar directamente *semidiámetro*, es la distancia angular correspondiente al radio del astro visto transversalmente desde el punto O de la superficie de la Tierra y $\|\boldsymbol{r}_{OP}\|$ la distancia de este punto al centro del astro observado.

El semidiámetro S_{PO} es topocéntrico. Depende de la posición del observador. Se define entonces el *semidiámetro geocéntrico* S_P, que no depende de ella, como el que se observaría desde el centro de la Tierra y que obedece por tanto a la expresión:

$$S_P = arcsen\ \frac{R_P}{\|\boldsymbol{r}_{TP}\|} \tag{4.15}$$

siendo $\|\boldsymbol{r}_{TP}\|$ la distancia del centro de misma al centro del astro. Los semidiámetros geocéntrico y topocéntrico se relacionan así por las fórmulas:

$$sen\ S_{PO} = \frac{\|\boldsymbol{r}_{TP}\|}{\|\boldsymbol{r}_{OP}\|}\ sen\ S_P \qquad\qquad [4.16]$$

$$\boldsymbol{r}_{OP} = \boldsymbol{r}_{TP} - \boldsymbol{r}_{TO} \qquad\qquad [4.17]$$

donde $\boldsymbol{r}_{TO}$ es el radio vector que une el centro de la Tierra con la posición del observador.

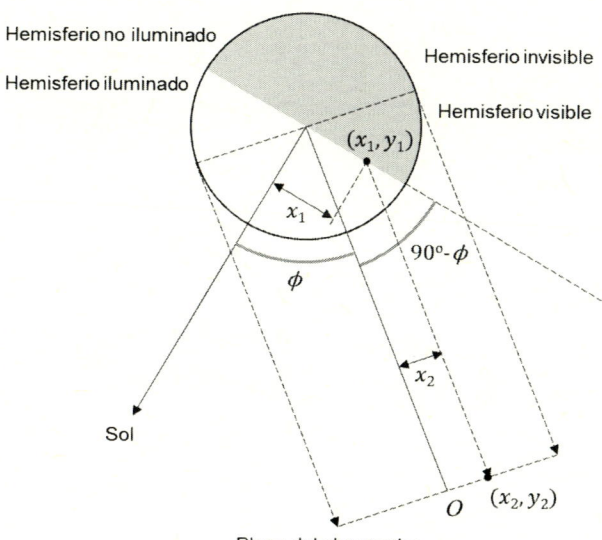

Fig. 4.8

En el caso de que sea desde la Tierra, salvo en los exteriores en oposición nunca se puede observar de un planeta el 100% de la superficie de su hemisferio iluminado por el Sol [19]. La figura 4.8 es un esquema genérico de la posición (en elongación occidental) proyectada sobre el plano que contiene el centro del Sol, el del planeta y la situación del observador. La intersección de la superficie del planeta con las líneas que van desde su centro hasta los centros del Sol y de la Tierra son el *punto subsolar* y el *punto subterrestre* respectivamente.

Recibe el nombre de *terminador* la proyección sobre el plano que contiene al observador, plano ortogonal al recogido en la figura 4.8, de la semicircunferencia que separa los hemisferios iluminado y no iluminado del planeta dentro del hemisferio visible.

[19] Aunque en conjunción o conjunción superior no se encontraran en ocultación en todo caso serían inobservables a mediodía por la luz solar.

Si (x_1, y_1) son las coordenadas cartesianas de un punto de esta semicircunferencia dentro del plano que la contiene y referidas al centro del planeta y (x_2, y_2) son las coordenadas cartesianas de la proyección del punto anterior sobre el plano del observador referidas a la posición de este, como ambos planos son perpendiculares a un tercero (el que muestra el dibujo de la figura 4.8) se cumple:

$$y_2 = y_1 \qquad\qquad [4.18]$$

Y de la figura 4.8 se deduce inmediatamente [20]:

$$x_2 = x_1 \, sen \, (90° - \phi) \qquad\qquad [4.19]$$

Teniendo en cuenta que la semicircunferencia que contiene el punto (x_1, y_1) es un círculo máximo de la superficie esférica que representa el planeta observado, se cumple también:

$$y_1{}^2 + x_1{}^2 = R_P{}^2 \qquad\qquad [4.20]$$

de lo que es inmediato obtener, sustituyendo en la ecuación anterior las relaciones 4.18 y 4.19:

$$y_2{}^2 + \frac{x_2{}^2}{cos^2 \, \phi} = R_P{}^2 \qquad\qquad [4.21]$$

Es decir, que la forma del terminador es la de una semielipse de semiejes mayor y menor R_P y $R_P \, cos \, \phi$ respectivamente, como se ilustra en la figura 4.9.

Elongación occidental

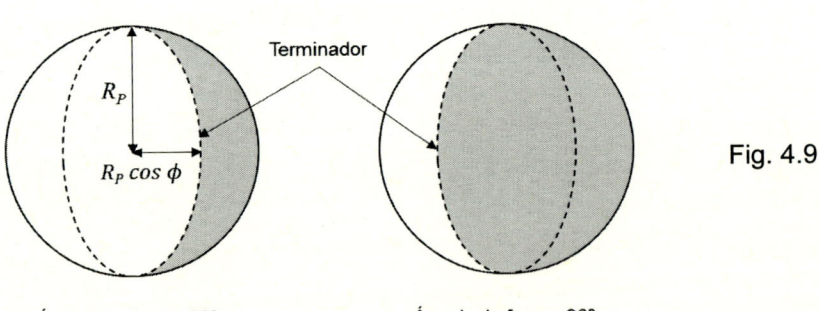

Fig. 4.9

Ángulo de fase < 90°   Ángulo de fase > 90°

[20] Para ser exactos hay que precisar que aquí ϕ es el ángulo de fase correspondiente a la elongación topocéntrica ya que la línea entre el centro del planeta y el observador no tiene por qué pasar por el punto subterrestre. En la práctica, y más a los efectos de este texto, puede aproximarse por el de la geocéntrica ya que el semidiámetro de la Tierra visto desde cualquier planeta del Sistema Solar (no desde la Luna) es muy pequeño.

Se denomina *fase* del astro la relación entre la parte iluminada de la superficie de su disco visible y la superficie total del mismo. Se suele representar por la letra griega Φ. Como puede apreciarse en la figura, la superficie iluminada visible del disco es la de un semicírculo más o menos la de la semielipse delimitada por el terminador y el diámetro del astro. Es decir:

$$\Phi = \frac{1}{2} \frac{\pi R_P^2 + \pi R_P^2 \cos\phi}{\pi R_P^2}$$

$$= \frac{1}{2}(1 + \cos\phi) \qquad [4.22]$$

Ecuación que es más frecuente encontrar, empleando la relación con el ángulo mitad, como [21]:

$$\Phi = \cos^2\frac{\phi}{2} \qquad [4.23]$$

Los planetas del Sistema Solar vistos desde la Tierra presentan así un ciclo de fases que, en el caso de los interiores, es un ciclo completo como el de la Luna, aunque no es observable para longitudes eclípticas geocéntricas próximas a la del Sol. La figura 4.10 muestra una imagen de Venus en cuarto creciente.

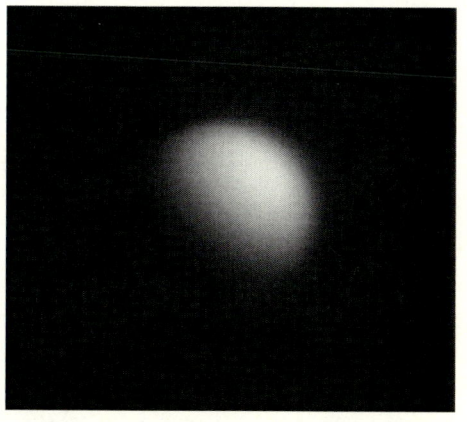

Fig. 4.10

Fotografía del autor

---

[21] Las fórmulas 4.22 y 4.23 son válidas tanto para $\phi < 90°$, en cuyo caso $\cos\phi$ es positivo y el área de la semielipse se suma a la del semicírculo, como para $\phi > 90°$, en que es negativo y se resta.

Ejercicios resueltos

5 Sobre Gravedad, Mecánica y movimiento relativo

5.1 ENUNCIADO: Determinar la expresión de la energía mínima necesaria para elevar un cuerpo de masa m a una altitud h sobre la superficie de la Tierra, supuesta dicha superficie esférica y en función de la aceleración de la gravedad en ella.

5.2 ENUNCIADO: Calcular la altitud h sobre la superficie terrestre a la que debe orbitar un satélite para que sea geoestacionario. Considerar su masa despreciable frente a la de la Tierra, el radio ecuatorial de esta R_T igual a 6 378 km y la aceleración de la gravedad en su superficie g_0 igual a 9.81 $m\ s^{-2}$.

5.3 ENUNCIADO: Supuesto un cuerpo m en órbita relativa elíptica respecto a otro M, calcular su periodo de revolución en función de los parámetros de la elipse y de la velocidad de escape en el periastro de la órbita.

5.4 ENUNCIADO: Para una masa m en órbita elíptica relativa respecto a otra masa M, calcular el semieje mayor de dicha órbita en función exclusivamente de v_0, v_C y d, siendo:

- v_0 la norma de la velocidad de m cuando aquella es ortogonal al radio vector con origen en M.
- d la norma del radio vector en la posición anterior.
- v_C la velocidad circular correspondiente a la distancia d.

5.5 ENUNCIADO: A partir del principio de conservación del momento angular, deducir la segunda ley de Kepler y demostrar que la aceleración de un planeta en su órbita es un vector en dirección al foco de la órbita.

5.6 ENUNCIADO: A partir de las soluciones del ejercicio 5.5, deducir la expresión exacta de la constante de Kepler para órbitas elípticas.

5.7 ENUNCIADO: Utilizando la propiedad del doble producto vectorial:

$$(\boldsymbol{a} \times \boldsymbol{b}) \times \boldsymbol{c} = (\boldsymbol{a} \cdot \boldsymbol{c})\boldsymbol{b} - (\boldsymbol{b} \cdot \boldsymbol{c})\boldsymbol{a}$$

demostrar que, si el momento angular de una masa en órbita es constante, su vector de Laplace también lo es.

5.8 ENUNCIADO: Demostrar que en el problema de los dos cuerpos, para órbitas elípticas, si la excentricidad es la misma para las órbitas relativa y respecto al centro de masas, el semieje mayor de la primera es igual a la suma de los de las otras dos y el periodo de las tres es idéntico.

5.9 ENUNCIADO: Determinar la expresión de la norma de la velocidad de un cuerpo que orbita en torno a otro en función de la anomalía verdadera y del semilado recto de la órbita relativa.

5.10 ENUNCIADO: Determinar el tipo de órbita para el que la relación entre las velocidades en el periastro r_p y en la intersección con el semilado recto r_s es siempre la máxima posible.

5.1 ENUNCIADO: Determinar la expresión de la energía mínima necesaria para elevar un cuerpo de masa m a una altitud h sobre la superficie de la Tierra, supuesta dicha superficie esférica y en función de la aceleración de la gravedad en ella.

SOLUCIÓN: La energía mínima necesaria ΔE para mover un cuerpo desde una distancia R_T del centro de la Tierra hasta una distancia $R_T + h$ es la diferencia entre las energías potenciales gravitatorias correspondientes a las dos posiciones:

$$\Delta E = E_p(h) - E_{p\,superficie}$$

De las ecuaciones 1.16 y 1.17 se obtiene:

$$\Delta E = m\,\Delta V$$

$$= m\,(V(h) + b_k - V_{superficie} - b_k)$$

y considerando la relación 1.14 ($R_T + h > R_T$) cuando la masa generadora del campo es la masa terrestre M_T:

$$\Delta E = m\,\left(- G\,\frac{M_T}{R_T + h} + G\,\frac{M_T}{R_T}\right)$$

De la expresión anterior queda:

$$\Delta E = m\,G\,M_T\,\left(\frac{1}{R_T} - \frac{1}{R_T + h}\right)$$

y teniendo en cuenta la definición indicada en 1.13:

$$g_0 = G\,\frac{M_T}{R_T^2}$$

la relación buscada es:

$$\Delta E = m\,g_0\,\left(\frac{h}{1 + h/R_T}\right)$$

COMENTARIOS: Como se aprecia a simple vista, la ecuación:

$$\Delta E = m\,g_0\,h$$

que se encuentra en todos los textos docentes elementales no es sino una aproximación a la solución del ejercicio válida para $h \ll R_T$.

5.2 ENUNCIADO: Calcular la altitud h sobre la superficie terrestre a la que debe orbitar un satélite para que sea geoestacionario. Considerar su masa despreciable frente a la de la Tierra, el radio ecuatorial de esta R_T igual a 6 378 km y la aceleración de la gravedad en su superficie g_0 igual a 9.81 $m\ s^{-2}$.

SOLUCIÓN: Para que el satélite sea geoestacionario el radio vector que une su posición con en centro de la Tierra debe cortar siempre el mismo punto de la superficie de esta, por lo que se requiere que la órbita sea circular (con lo que la altitud h es constante) y contenida en el plano ecuatorial y que la velocidad angular del satélite ω_S sea igual a la de rotación del planeta ω_T.

Como los vectores de las fuerzas centrífuga y de atracción gravitatoria son colineales y de sentidos opuestos, igualando directamente los módulos de las aceleraciones debidas a ambas (fórmula de la aceleración centrífuga y ecuación 1.12 para $m_1=M_T$) se tiene:

$$\omega_S^2\, r = G\, \frac{M_T}{r^2}$$

de lo que se infiere de inmediato:

$$r^3 = G\, \frac{M_T}{\omega_S^2}$$

Y teniendo en cuenta (ecuación 1.13) que:

$$g_0 = G\, \frac{M_T}{R_T^2}$$

resulta:

$$r^3 = g_0\, \frac{R_T^2}{\omega_S^2}$$

debiéndose cumplir:

$$\omega_S = \omega_T$$

donde:

$$\omega_T = \frac{2\,\pi}{P_{sid}}$$

y siendo P_{sid} el periodo de rotación sidéreo de la Tierra que, aplicando la relación 11.1, es:

$$P_{sid} = 86\ 400\ /\ 1.0027379 = 86\ 164\ s$$

Con este valor obtenido y con los del enunciado queda así:

$$r = \left(9.81\ \frac{(6.378\ 10^6)^2\ (86\ 164)^2}{4\ \pi^2}\right)^{1/3}$$

$$= 42.180\ 10^6\ m$$

de donde finalmente y dado que:

$$r = h + R_T$$

se obtiene:

$$h = 35\ 802\ km$$

5.3 ENUNCIADO: Supuesto un cuerpo m en órbita relativa elíptica respecto a otro M, calcular su periodo de revolución en función de los parámetros de la elipse y de la velocidad de escape en el periastro de la órbita.

SOLUCIÓN: Como en el periastro la distancia al centro de M es:

$$d = a\,(1-e)$$

la velocidad de escape correspondiente, según la expresión 2.14, resulta:

$$v_e = \sqrt{\frac{2\,\mu}{a\,(1-e)}}$$

de donde puede despejarse de forma inmediata la variable μ en función de los parámetros que pide el enunciado:

$$\mu = \frac{1}{2}\,v_e^{\,2}\,a\,(1-e)$$

Y considerando la tercera ley de Kepler, que según las relaciones 1.1, 1.2 y 1.22 puede escribirse como:

$$\frac{T^2}{a^3} = \frac{4\,\pi^2}{\mu}$$

se deduce directamente que el periodo de la órbita es inversamente proporcional a la velocidad de escape en el periastro según la fórmula:

$$T = \frac{2\,\sqrt{2}\,\pi\,a}{v_e\,(1-e)}$$

5.4 ENUNCIADO: Para una masa m en órbita elíptica relativa respecto a otra masa M, calcular el semieje mayor de dicha órbita en función exclusivamente de v_0, v_C y d, siendo:

◻ v_0 la norma de la velocidad de m cuando aquella es ortogonal al radio vector con origen en M.

◻ d la norma del radio vector en la posición anterior.

◻ v_C la velocidad circular correspondiente a la distancia d.

SOLUCIÓN: Como se recoge en el apartado 2.2, existen dos posibles órbitas elípticas para la misma velocidad v_0 a distancia d, dependiendo de si la velocidad circular correspondiente a esa distancia según la ecuación 2.12 es mayor o menor que v_0.

De las propiedades de la elipse se infiere inmediatamente que los semiejes mayores a_1 y a_2 serán:

$$a_1 = \frac{d}{1 + e_1}$$

$$a_2 = \frac{d}{1 - e_2}$$

por lo que el ejercicio quedará resuelto expresando las excentricidades de las órbitas sin recurrir a más parámetros que los indicados.

De la fórmula de la velocidad en función de la distancia al foco para una trayectoria elíptica indicada en la tabla de la figura 2.3 tenemos en este caso:

$$v_0 = \mu \left(\frac{2}{d} - \frac{1}{a} \right) \qquad [5.1]$$

que deberá cumplirse para $a = a_1$ y para $a = a_2$.

Siendo también que por las propiedades de la elipse:

$$a = \frac{s}{1 - e^2}$$

y que, según la fórmula 2.9:

$$s = \frac{v_0^2 \, d^2}{\mu}$$

ya que v_0 y el radio vector son ortogonales, se llega a la expresión, eliminando entre las tres ecuaciones anteriores las variables s y a:

$$1 - e^2 = \frac{2\,v_0^2\,d}{\mu} - \frac{v_0^4\,d^2}{\mu^2}$$

La ecuación anterior, considerando a partir de la relación 2.12 que:

$$\mu = v_C^2\,d$$

queda entonces:

$$e = 1 - \frac{v_0^2}{v_C^2} \qquad\qquad [5.2]$$

Lo que da la solución buscada. Como el semieje mayor no aparece en la expresión, la excentricidad de las dos elipses posibles es la misma.

COMENTARIOS: La ecuación 5.2 es válida para cualquier cónica, no solo para órbitas elípticas, ya que puede llegarse a ella directamente desde la fórmula 2.11, de la que la expresión 5.1 es sólo un caso particular.

Aunque hay que precisar que, para el caso general, la solución correcta completa es:

$$e^2 = \left[1 - \frac{v_0^2}{v_C^2} \right]^2$$

resolviendo la ambigüedad de signo de la raíz, conforme se ilustra en la figura 5.1, de la forma:

$$e = 1 - \frac{v_0^2}{v_C^2} \qquad para \quad v_0 < v_C$$

$$e = \frac{v_0^2}{v_C^2} - 1 \qquad para \quad v_0 > v_C$$

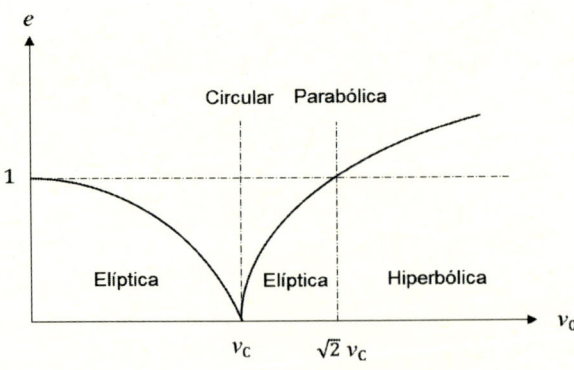

Fig. 5.1

5.5 ENUNCIADO: A partir del principio de conservación del momento angular, deducir la segunda ley de Kepler y demostrar que la aceleración de un planeta en su órbita es un vector en dirección al foco.

SOLUCIÓN: Como se recoge en la figura 5.2, la velocidad del planeta en un punto P de su órbita puede descomponerse en una componente radial v_u y una componente v_n normal a la dirección del vector de posición r con centro en el foco, tal que:

$$v = u \cdot v_u + n \cdot v_n$$

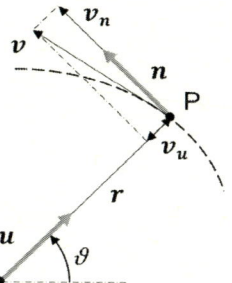

Fig. 5.2

Si consideramos que:

$$r = u \cdot r$$

y teniendo en cuenta que la derivada del vector unitario radial u en coordenadas polares es:

$$\dot{u} = n \cdot \dot{\vartheta}$$

entonces:

$$\dot{r} = v = u \cdot \dot{r} + n \cdot r \, \dot{\vartheta}$$

y el momento angular específico (ecuación 1.11) del planeta resulta:

$$L_e = r \times v$$

$$= r \times u \cdot \dot{r} + r \times n \cdot r \, \dot{\vartheta}$$

$$= u \times u \cdot r \dot{r} + u \times n \cdot r^2 \, \dot{\vartheta}$$

El producto vectorial $u \times u$ es nulo y el producto vectorial $u \times n$ es un vector unitario z ortogonal a los dos, con lo que se tiene:

$$L_e = z \cdot r^2 \, \dot{\vartheta} \qquad\qquad [5.3]$$

Siendo que el diferencial de área barrida por el radio vector r es:

$$dA = \frac{1}{2}\, r^2\, d\vartheta \qquad\qquad [5.4]$$

se comprueba directamente entonces que la norma del momento angular específico es igual al doble de dicha área barrida por unidad de tiempo con lo que, si aquel es constante, esta también lo es.

Si $\dot{A} = constante$ entonces $\ddot{A} = 0$ y derivando la expresión anterior y dividiendo por $r/2$ se tiene:

$$2\,\dot{r}\,\dot{\vartheta} + r\,\ddot{\vartheta} = 0$$

Y dado que el vector aceleración del planeta se expresa como:

$$\boldsymbol{a} = \dot{\boldsymbol{v}} = \boldsymbol{u}\,(\ddot{r} - r\,\dot{\vartheta}^2) + \boldsymbol{n}\,(2\,\dot{r}\,\dot{\vartheta} + r\,\ddot{\vartheta})$$

resulta de forma inmediata que su componente según el vector unitario $\boldsymbol{n}$ es nula y solo tiene componente radial.

COMENTARIOS: La conservación del momento angular, que es un vector, impone también que las órbitas estén contenidas en un plano, conforme a la primera ley de Kepler, pues, en caso contrario, la dirección del vector variaría a lo largo de la misma.

5.6 ENUNCIADO: A partir de las soluciones del ejercicio 5.5, deducir la expresión exacta de la constante de Kepler para órbitas elípticas.

SOLUCIÓN: De las relaciones 5.3 y 5.4 obtenidas de los resultados del ejercicio 5.5 tenemos que:

$$L_e = 2\,\frac{A}{t} \qquad [5.5]$$

donde A es el área de la elipse barrida por el radio vector en un tiempo t. Para $t = T$, siendo T el periodo de la órbita, el área barrida será igual entonces al área total de la elipse:

$$L_e = \frac{2\,\pi\,a\,b}{T}$$

La expresión anterior, despejando la norma del momento angular específico a partir de la ecuación 1.40, puede escribirse como:

$$\sqrt{s\,\mu} = \frac{2\,\pi\,a\,b}{T} \qquad [5.6]$$

Y el semilado recto de una elipse, según se indica en la tabla de la figura 2.2, verifica:

$$s = a\,(1 - e^2)$$

donde a es el semieje mayor, y también puede escribirse:

$$s = \frac{b^2}{a}$$

teniendo en cuenta que, para una elipse, el semieje menor es:

$$b = a\,\sqrt{1 - e^2}$$

Con lo que de la ecuación 5.6 se deduce, sustituyendo los parámetros b y s por las relaciones indicadas:

$$\frac{T^2}{a^3} = \frac{4\,\pi^2}{\mu}$$

con la variable μ definida en 1.22.

5.7 ENUNCIADO: Utilizando la propiedad del doble producto vectorial:

$$(\boldsymbol{a} \times \boldsymbol{b}) \times \boldsymbol{c} = (\boldsymbol{a} \cdot \boldsymbol{c})\boldsymbol{b} - (\boldsymbol{b} \cdot \boldsymbol{c})\boldsymbol{a}$$

demostrar que, si el momento angular de una masa en órbita es constante, su vector de Laplace también lo es.

SOLUCIÓN: Derivando la expresión del vector de Laplace indicada en la ecuación 1.31, si el momento angular es constante obtenemos:

$$\dot{\boldsymbol{A}}_{Le} = \dot{\boldsymbol{v}} \times \boldsymbol{L}_e - \mu \left(\frac{1}{r} \, \dot{\boldsymbol{r}} - \frac{1}{r^2} \, \dot{r} \, \boldsymbol{r} \right)$$

que podemos poner en la forma:

$$\dot{\boldsymbol{A}}_{Le} = \ddot{\boldsymbol{r}} \times \boldsymbol{L}_e - \frac{\mu}{r^3}(r^2 \, \dot{\boldsymbol{r}} - r \, \dot{r} \, \boldsymbol{r})$$

Teniendo en cuenta que:

$$r^2 = \boldsymbol{r} \cdot \boldsymbol{r}$$

y por tanto:

$$r \, \dot{r} = \boldsymbol{r} \cdot \dot{\boldsymbol{r}}$$

resulta la igualdad:

$$r^2 \, \dot{\boldsymbol{r}} - r \, \dot{r} \, \boldsymbol{r} = (\boldsymbol{r} \cdot \boldsymbol{r})\dot{\boldsymbol{r}} - (\dot{\boldsymbol{r}} \cdot \boldsymbol{r})\boldsymbol{r}$$

que, según la propiedad citada en el enunciado, es igual al producto vectorial:

$$(\boldsymbol{r} \times \dot{\boldsymbol{r}}) \times \boldsymbol{r}$$

Con lo que la derivada del vector de Laplace puede escribirse como:

$$\dot{\boldsymbol{A}}_{Le} = \ddot{\boldsymbol{r}} \times \boldsymbol{L}_e - \frac{\mu}{r^3}(\boldsymbol{r} \times \dot{\boldsymbol{r}}) \times \boldsymbol{r}$$

y considerando la ecuación del movimiento relativo dada en 1.21 y la definición del momento angular específico en 1.10 como:

$$\dot{\boldsymbol{A}}_{Le} = -\frac{\mu}{r^3} \, \boldsymbol{r} \times \boldsymbol{L}_e - \frac{\mu}{r^3} \, \boldsymbol{L}_e \times \boldsymbol{r}$$

Expresión que, por la propiedad anticonmutativa del producto vectorial, es igual a 0.

5.8 ENUNCIADO: Demostrar que en el problema de los dos cuerpos, para órbitas elípticas, si la excentricidad es la misma para las órbitas relativa y respecto al centro de masas, el semieje mayor de la primera es igual a la suma de los de las otras dos y el periodo de las tres es idéntico.

SOLUCIÓN: De las propiedades de la elipse, recogidas en la tabla de la figura 2.2, tenemos que debe verificarse:

$$s_1 = a_1 (1 - e^2)$$
$$s_2 = a_2 (1 - e^2)$$

y, por tanto:

$$s_1 + s_2 = (a_1 + a_2)(1 - e^2)$$

Como, según se infiere directamente de las ecuaciones 2.30 y 2.31:

$$s_1 + s_2 = s$$

es inmediato extraer:

$$a_1 + a_2 = a \qquad\qquad [5.7]$$

Por otro lado, la tercera ley de Kepler debe cumplirse para cualquier sistema de referencia elegido por lo que:

$$a_1{}^3 = \frac{T_1{}^2}{4\,\pi^2}\,\mu_1 \qquad\qquad [5.8]$$

$$a_2{}^3 = \frac{T_2{}^2}{4\,\pi^2}\,\mu_2 \qquad\qquad [5.9]$$

Y dado que de las fórmulas 2.20 y 2.21 se deducen:

$$\mu_1 = \frac{m_2{}^3}{(m_1 + m_2)^3}\,\mu \qquad\qquad [5.10]$$

$$\mu_2 = \frac{m_1{}^3}{(m_1 + m_2)^3}\,\mu \qquad\qquad [5.11]$$

entonces, sustituyendo en la igualdad 5.7 los valores de los semiejes mayores indicados por 5.8 y 5.9 y en las expresiones de estos las relaciones 5.10 y 5.11, queda la ecuación:

$$\frac{m_2}{m_1 + m_2}\,\sqrt[3]{T_1{}^2} + \frac{m_1}{m_1 + m_2}\,\sqrt[3]{T_2{}^2} = \sqrt[3]{T^2}$$

cuya solución, para cualquier valor de m_1, m_2, a_1 y a_2, es precisamente:

$$T_1 = T_2 = T$$

5.9 ENUNCIADO: Determinar la expresión de la norma de la velocidad de un cuerpo que orbita en torno a otro en función de la anomalía verdadera y del semilado recto de la órbita relativa.

SOLUCIÓN: Partiendo de la fórmula de la norma de la velocidad en función de la distancia al foco de la cónica dada en 2.11 y sustituyendo en ella la expresión de ese radio en función de la anomalía verdadera, recogida en la ecuación orbital 2.8, obtenemos:

$$v^2 = \mu \left[\frac{2}{s / (1 + e \cos f)} - \frac{1 - e^2}{s} \right]$$

$$= \frac{\mu}{s} (1 + 2 e \cos f + e^2)$$

$$= \frac{\mu}{s} [(1 + e \cos f)^2 + e^2 (1 - \cos^2 f)]$$

de donde queda directamente:

$$v = \sqrt{\frac{\mu}{s} [(1 + e \cos f)^2 + e^2 \, sen^2 \, f]}$$

COMENTARIOS: El primer término dentro del corchete de la ecuación multiplicado por μ / s corresponde al cuadrado de la norma de la velocidad normal v_n y el segundo al cuadrado de la norma de la velocidad radial v_u, con la nomenclatura utilizada en la figura 5.2. Una solución alternativa a este ejercicio consiste en calcular por separado las normas de ambas componentes de la velocidad. Así:

$$v_u = \dot{r}$$

con lo que derivando la expresión 2.8 se tiene:

$$v_u = \frac{s \, e \, sen \, f}{(1 + e \cos f)^2} \, \dot{f}$$

$$= \frac{e}{s} r^2 \, \dot{f} \, sen \, f$$

Considerando la ley de las áreas dada en la fórmula 5.3 del ejercicio 5.5 la relación anterior queda:

$$v_u = \frac{L_e}{s} e \, sen \, f$$

y teniendo en cuenta la ecuación 2.9 resulta:

$$v_u = \sqrt{\frac{\mu}{s}} \, e \, sen \, f \qquad \qquad [5.12]$$

Para el cálculo de la componente normal de la velocidad, de la definición de momento angular específico según la igualdad 1.10 se infiere inmediatamente:

$$v_n = \frac{L_e}{r}$$

donde, sustituyendo nuevamente la norma del radio vector por su dependencia de la anomalía verdadera en la expresión 2.8, se llega a

$$v_n = \frac{L_e}{s} \, (1 + e \cos f)$$

y utilizando otra vez la relación 2.9 a

$$v_n = \sqrt{\frac{\mu}{s}} \, (1 + e \cos f) \qquad \qquad [5.13]$$

5.10 ENUNCIADO: Determinar el tipo de órbita para el que la relación entre las velocidades en el periastro r_p y en la intersección con el semilado recto r_s es siempre la máxima posible.

SOLUCIÓN: En el periastro la anomalía verdadera es cero y la norma del radio vector, según indica la dependencia 2.8, es:

$$r_p = \frac{s}{1+e}$$

En la intersección con el semilado recto f = 90° y obviamente:

$$r_s = s$$

De la ecuación 2.11 se obtienen las normas de las velocidades en ambos puntos, que resultan:

$$v(r_p) = \sqrt{\frac{\mu}{s}}\,(1+e)$$

$$v(r_s) = \sqrt{\frac{\mu}{s}}\,(1+e^2)$$

y, por tanto, la relación entre ambas es:

$$\frac{v(r_p)}{v(r_s)} = \frac{1+e}{\sqrt{1+e^2}} \qquad\qquad [5.14]$$

La derivada con respecto a la excentricidad de la razón anterior:

$$\frac{d}{de}\left(\frac{v(r_p)}{v(r_s)}\right) = \frac{1-e}{(1+e^2)^{3/2}}$$

presenta un único cero para e = 1 y su derivada segunda:

$$\frac{d^2}{de^2}\left(\frac{v(r_p)}{v(r_s)}\right) = \frac{2e^2 - 3e - 1}{(1+e^2)^{5/2}}$$

arroja un valor negativo en ese punto por lo que e = 1 es un máximo relativo en el intervalo $(0, \infty)$. Como puede comprobarse:

$$\frac{v(r_p)}{v(r_s)}\,(e=1) = \sqrt{2}$$

$$\frac{v(r_p)}{v(r_s)} \ (e = 0) = 1$$

$$\frac{v(r_p)}{v(r_s)} \ (e = \infty) = 1$$

por lo que el máximo en $e = 1$ es un máximo absoluto para todo valor de e. El tipo de órbita que cumple la propiedad del enunciado es entonces la **parabólica**.

COMENTARIOS: Se puede responder a la pregunta del ejercicio sin realizar ningún cálculo matemático. Como se desprende de la ecuación 2.11, la velocidad en cualquier punto de una órbita depende de su excentricidad. No es posible que la que tenga la propiedad indicada sea elíptica o hiperbólica porque ambos tipos pueden presentar valores dentro de los rangos (0, 1) y (1, ∞) respectivamente. Y como la función velocidad es continua y derivable en ambos intervalos no puede presentar un máximo para todo el rango. Las únicas cónicas que exhiben valores posibles singulares para la excentricidad son la circunferencia y la parábola. Y la circunferencia no puede ser porque, como indica la propia fórmula 2.11, la velocidad en el periastro es siempre mayor que en cualquier otro punto de la cónica excepto para la circunferencia. La órbita tiene que ser parabólica.

6 Sobre órbitas

6.1 ENUNCIADO: Determinar las coordenadas eclípticas heliocéntricas de un planeta en función de la anomalía verdadera de su posición y de los otros elementos orbitales. Asumir que la excentricidad de la órbita es suficientemente pequeña para poder aproximar el elipsoide de revolución en el que se inscribe por una esfera.

6.2 ENUNCIADO: Un cometa describe una trayectoria hiperbólica alrededor de la Tierra pasando en su perigeo a 5 800 km de altitud con una velocidad de 42 000 km/h y un exceso de velocidad hiperbólica de 30 251 km/h. Despreciando la masa del cometa frente a la de la Tierra, calcular esta y el semieje mayor y la excentricidad de la órbita. Suponer la Tierra esférica de densidad uniforme y radio de 6 371 km y la constante de gravitación universal igual a 6.6743 10^{-11} m^3 kg^{-1} s^{-2}.

6.3 ENUNCIADO: Siguiendo una trayectoria parabólica, un cuerpo pasa en su periastro a 21 000 km del foco con una velocidad relativa de 31 000 km/h. Calcular la anomalía verdadera de la posición del cuerpo 3 horas después de dicho paso por el periastro.

6.4 ENUNCIADO: Un satélite artificial describe una órbita elíptica ecuatorial directa en torno a la Tierra con una excentricidad $e = 0.1080$, observándose su paso por el perigeo en el cénit desde una longitud geográfica $\lambda_1 = 15°\ 00'\ 00''$ E a las 00^h de TU y a las $00^h\ 23^m\ 37^s.3$ de TU desde una longitud $\lambda_2 = 99°\ 04'\ 42''.2$ E. Calcular el semieje mayor a, la altitud en el perigeo h y el periodo T de la órbita siendo los valores de la masa M_T y el radio R_T de la Tierra, supuesta esférica y uniforme, y de la constante de gravitación universal G:

$$M_T = 5.9726\ 10^{24}\ kg$$
$$R_T = 6.3710\ 10^6\ m$$
$$G = 6.6743\ 10^{-11}\ m^3\ kg^{-1}\ s^{-2}$$

6.5 ENUNCIADO: Un satélite artificial orbita la Tierra siguiendo una trayectoria elíptica directa con una excentricidad $e = 0.114$ y una altitud $h = 243\ km$ en el perigeo. Calcular la anomalía verdadera de la posición del satélite 30^m después de su paso por aquel, suponiendo para la masa y radio de la Tierra, supuesta esférica y uniforme, y para la constante de gravitación universal los mismos valores que en el ejercicio 6.4.

6.6 ENUNCIADO: Un cometa describe una órbita elíptica directa alrededor del Sol con una distancia a su centro en el perihelio $r_p = 5.8991\ ua$ y una excentricidad $e = 0.5055$. Calcular la anomalía verdadera y la distancia a la que se encuentra 10 años después de su paso por el afelio.

6.7 ENUNCIADO: Un cuerpo en trayectoria hiperbólica alrededor del Sol pasa por el perihelio a una distancia r_P del centro de la estrella igual a 69.5508 millones de km con una velocidad v_P de 75 673 $m\ s^{-1}$ y un exceso de velocidad hiperbólica v_∞ de 43 690 $m\ s^{-1}$. Calcular el semieje mayor a de la órbita, la masa del Sol $M_\odot$ considerando la del cuerpo despreciable y el tiempo que tardará este en llegar a la intersección con el semilado recto. Suponer la constante de gravitación universal G igual a 6.6743 $10^{-11}\ m^3\ kg^{-1}\ s^{-2}$.

6.8 ENUNCIADO: Hallar el periodo orbital de Venus sabiendo que desde una latitud eclíptica heliocéntrica β de 2° 47' 11" en el perihelio hasta el nodo descendente tarda 77.506 días, que la inclinación i y la excentricidad e de su órbita son 3°.39449 y 0.006772 respectivamente y considerando que esta última es lo suficientemente pequeña como para poder aproximar el elipsoide de revolución en el que se inscribe la trayectoria por una esfera.

6.9 ENUNCIADO: Un cuerpo en trayectoria parabólica con foco en el Sol llega a la intersección con el semilado recto de la órbita a una velocidad v_S de 97 693 $m\ s^{-1}$ 74.5796 horas después de su paso por el perihelio. Suponiendo que su masa es despreciable frente a la del Sol $M_\odot$ calcular esta, la distancia r_P desde el foco al perihelio y la velocidad v_P al pasar por él. El valor de la constante de gravitación universal G es 6.6743 $10^{-11}\ m^3\ kg^{-1}\ s^{-2}$.

6.10 ENUNCIADO: Un cuerpo de masa despreciable frente a la de la Tierra se aproxima a esta siguiendo una trayectoria desconocida en el plano ecuatorial hasta alcanzar una distancia mínima r_P de 149 000 km respecto de su centro, momento en el que se le miden una ascensión recta α_1 y una velocidad relativa v_1 de 284° 37' y 7 722.5 km/h respectivamente. Un tiempo después nuevas medidas obtienen unos valores $\alpha_2 = 014° 37'$ y $v_2 = 5\,532.5$ km/h. Determinar el tipo de órbita que describe el cuerpo sabiendo que la constante gravitacional μ para el caso de la Tierra y sin tener en cuenta perturbaciones es de 3.98629 $10^{14}\ m^3\ s^{-2}$.

6.11 ENUNCIADO: A partir de las coordenadas eclípticas heliocéntricas de Venus en su perihelio:

$$\beta_P = 002° \ 47' \ 11''.0$$
$$\lambda_P = 131° \ 49' \ 08''.8$$

hallar el ángulo del nodo Ω y el argumento del periastro ω de su órbita sabiendo que su inclinación i respecto al plano de la eclíptica es de 3° 23' 40".1 y su excentricidad lo suficientemente pequeña como para permitir aproximar el elipsoide de revolución en el que se inscribe por una esfera.

6.1 ENUNCIADO: Determinar las coordenadas eclípticas heliocéntricas de un planeta en función de la anomalía verdadera de su posición y de los otros elementos orbitales. Asumir que la excentricidad de la órbita es suficientemente pequeña para poder aproximar el elipsoide de revolución en el que se inscribe por una esfera.

SOLUCIÓN: La figura 6.1 muestra el esquema del triángulo esférico asociado a la posición P del planeta.

Como puede observarse directamente en la figura 3.4, el ángulo entre el nodo y la posición es la suma del argumento del periastro y la anomalía verdadera en tanto que el ángulo entre el nodo y la intersección del plano de referencia con el máximo de longitud correspondiente es igual a la longitud eclíptica heliocéntrica menos el ángulo del nodo.

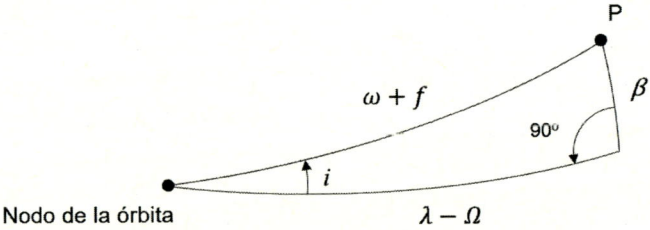

Fig. 6.1

Aplicando el teorema del seno (fórmula 10.2) tenemos:

$$\frac{sen\ (\omega + f)}{sen\ 90^\circ} = \frac{sen\ \beta}{sen\ i}$$

de donde se deduce directamente:

$$\beta = arcsen\ [sen\ i\ sen\ (\omega + f)] \qquad\qquad [6.1]$$

Y de la fórmula de los cinco elementos de la trigonometría esférica, indicada en la ecuación 10.3:

$$sen\ \beta\ cos\ 90^\circ = sen\ (\lambda - \Omega)\ cos(\omega + f) - cos(\lambda - \Omega)\ sen\ (\omega + f)\ cos\ i$$

que en este caso queda:

$$0 = tan(\lambda - \Omega) - tan(\omega + f)\ cos\ i$$

Despejando la longitud se obtiene de forma inmediata:

$$\lambda = arctan\ [tan(\omega + f)\ cos\ i] + \Omega \qquad\qquad [6.2]$$

COMENTARIOS: Es obvio recordar que en la solución propuesta es obligatorio considerar la aproximación $e \ll 1$ porque de lo contrario no puede aceptarse el ángulo entre el nodo y la posición como un arco de círculo máximo.

6.2 ENUNCIADO: Un cometa describe una trayectoria hiperbólica alrededor de la Tierra pasando en su perigeo a 5 800 km de altitud con una velocidad de 42 000 km/h y un exceso de velocidad hiperbólica de 30 251 km/h. Despreciando la masa del cometa frente a la de la Tierra, calcular esta y el semieje mayor y la excentricidad de la órbita. Suponer la Tierra esférica de densidad uniforme y radio de 6 371 km y la constante de gravitación universal igual a 6.6743 10^{-11} m^3 kg^{-1} s^{-2}.

SOLUCIÓN: De acuerdo con la relación 3.28 la velocidad de escape correspondiente a la distancia del perigeo, que aquí es igual al radio de la Tierra más la altitud a la que pasa el cometa, resulta:

$$v_e(r_p) = \sqrt{v_p{}^2 - v_\infty{}^2}$$

$$= \sqrt{11.667^2 - 8.4032^2}\ 10^3\ m\,s^{-1}$$

$$= 8.0935\ 10^3\ m\,s^{-1}$$

Y de la ecuación 2.14 es inmediato deducir:

$$\mu = \frac{1}{2}\, r_p\, v_e{}^2(r_p)$$

por lo que, despreciando la masa del cometa, la de la Tierra es:

$$M_T = \frac{1}{2}\,\frac{1.2171\ 10^7}{6.6743\ 10^{-11}}\ 8.0935^2\ 10^6\ kg$$

$$= \mathbf{5.9726\ 10^{24}\ kg}$$

Conocido el valor de μ, el del semieje mayor se obtiene a partir de la expresión de la velocidad indicada en la tabla de la figura 2.3:

$$a = \frac{1}{\dfrac{v_p{}^2}{\mu} - \dfrac{2}{r_p}}$$

$$= \frac{1}{\dfrac{11.667^2\ 10^6}{6.6743\ 10^{-11}\ 5.9726\ 10^{24}} - \dfrac{2}{1.2171\ 10^7}}\ m$$

$$= \mathbf{5.6452\ 10^6\ m}$$

y el de la excentricidad a partir de la propiedad de la hipérbola recogida en la ecuación 3.19:

$$e = 1 + \frac{r_p}{a}$$

$$= 1 + \frac{1.2171}{0.56452}$$

$$= \mathbf{3.1560}$$

COMENTARIOS: En este problema se ha elegido deliberadamente una altitud para el perigeo muy pequeña para así poder considerar despreciable la perturbación introducida por el campo gravitatorio del Sol, aunque en realidad es evidente que esta es una aproximación obligada por defecto para cualquier ejercicio de este nivel de dificultad.

6.3 ENUNCIADO: Siguiendo una trayectoria parabólica, un cuerpo pasa en su periastro a 21 000 km del foco con una velocidad relativa de 31 000 km/h. Calcular la anomalía verdadera de la posición del cuerpo 3 horas después de dicho paso por el periastro.

SOLUCIÓN: Como puede apreciarse en la figura 3.2, una propiedad de las órbitas parabólicas es que cumplen la relación:

$$s = 2\,r_p$$

donde r_p es la norma del radio vector en el periastro.

Y de la expresión de la norma de la velocidad en función de la distancia al foco recogida en la tabla de la figura 2.3 se deduce inmediatamente:

$$\mu = \frac{1}{2}\,v^2(r_p)\,r_p$$

por lo que puede escribirse:

$$\sqrt{\frac{\mu}{s^3}} = \frac{1}{4}\,\frac{v(r_p)}{r_p}$$

que con los valores del enunciado resulta:

$$\sqrt{\frac{\mu}{s^3}} = \frac{1}{4}\,\frac{31\,000\,km\,h^{-1}}{21\,000\,km}$$

$$= 0.369048\,h^{-1}$$

Y la anomalía media parabólica a las 3 horas del paso por el periastro, conforme a la ecuación 3.17, es entonces:

$$M_p = 1.10714\,^{rad}$$

Calculándose la anomalía verdadera pedida aplicando directamente la fórmula 3.18:

$$\vartheta_p = 6.79011$$

$$f = 2\,arctan\left(1.89362 - \frac{1}{1.89362}\right)$$

$$= \mathbf{107^o.5682}$$

6.4 ENUNCIADO: Un satélite artificial describe una órbita elíptica ecuatorial directa en torno a la Tierra con una excentricidad e = 0.1080, observándose su paso por el perigeo en el cénit desde una longitud geográfica λ_1= 15° 00' 00" E a las 00^h de TU y a las $00^h\ 23^m\ 37^s.3$ de TU desde una longitud λ_2= 99° 04' 42".2 E. Calcular el semieje mayor a, la altitud en el perigeo h y el periodo T de la órbita siendo los valores de la masa M_T y el radio R_T de la Tierra, supuesta esférica y uniforme, y de la constante de gravitación universal G:

$$M_T = 5.9726\ 10^{24}\ kg$$

$$R_T = 6.3710\ 10^6\ m$$

$$G = 6.6743\ 10^{-11}\ m^3\ kg^{-1}\ s^{-2}$$

SOLUCIÓN: Dado que la órbita del satélite es coplanaria con el ecuador, la figura 6.2 representa el esquema de la situación orbital vista desde el Polo Norte terrestre.

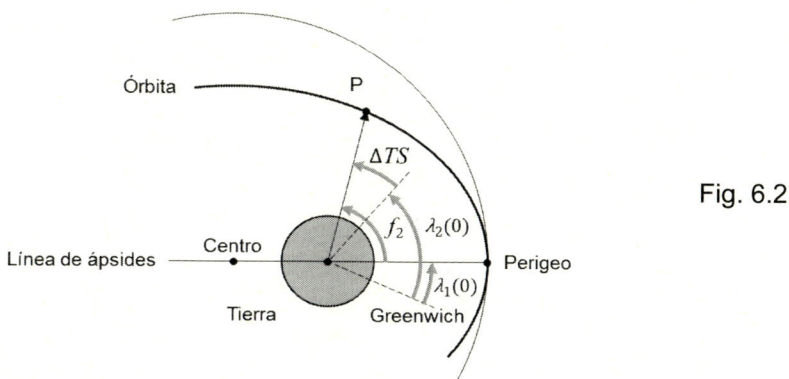

Fig. 6.2

Como se indica, la anomalía verdadera de la posición P correspondiente a la segunda observación es igual a la diferencia de longitudes entre los dos lugares más el incremento de tiempo sidéreo debido al movimiento de rotación de la Tierra durante el tiempo transcurrido entre las dos épocas:

$$f_2 = \lambda_2 - \lambda_1 + \Delta TS$$

El incremento de tiempo sidéreo en función del incremento de tiempo universal viene dado por la ecuación 3.11. En este caso:

$$\Delta TS = 1.0027379 \times 1417^s.3$$

$$= 1\ 421^{ss}.18$$

$$= 5°.9216$$

con lo que, con los valores del enunciado, queda:

$$f_2 = 99.0784 - 15.000 + 5.9216$$

$$= 90°.0000$$

En la segunda observación el satélite se encuentra, por tanto, exactamente en la intersección con el semilado recto de la órbita.

Conocida la anomalía verdadera, la anomalía excéntrica la proporciona la fórmula 3.12:

$$E_2 = 2 \arctan \left(\tan \frac{f_2}{2} \sqrt{\frac{1-e}{1+e}} \right)$$

$$= 83°.8000$$

y la anomalía media la ecuación de Kepler 3.9, que en este caso y expresando los ángulos en grados sexagesimales resulta:

$$M_2 = 83.8000 - 57.2958 \times 0.1080 \, sen \, 83.8000$$

$$= 77°.6482$$

El periodo de la órbita se calcula a partir de las relaciones 3.4 y 3.5:

$$T = \frac{2\pi}{M_2} \Delta TU$$

$$= \frac{360}{77.6482} \, 1\,417^s.3$$

$$= 6\,571^s$$

Y, conocido este, el semieje mayor a partir de la tercera ley de Kepler, despreciando la masa del satélite en la ecuación 1.2:

$$a = \sqrt[3]{G \, M_T \, \frac{T^2}{4\pi^2}}$$

$$= 7.5827 \, 10^6 \, m$$

La altitud en el perigeo se obtiene directamente de la propiedad de la elipse recogida en la ecuación 3.1 teniendo en cuenta que el módulo del radio vector en el perigeo es la suma del radio terrestre y la altitud a la que pasa el satélite:

$$h = a\,(1-e) - R_T$$

$$= 3.9277 \, 10^5 m$$

COMENTARIOS: Como puede comprobarse directamente en la figura 6.3, una propiedad general de la elipse es que, para un punto de la misma situado en la intersección con el semilado recto, se cumple:

$$cos\,E = e \qquad\qquad [6.3]$$

Relación que en el caso particular de este ejercicio puede utilizarse alternativamente para calcular la anomalía excéntrica en lugar de la fórmula 3.12 una vez demostrado que la anomalía verdadera es precisamente un ángulo recto.

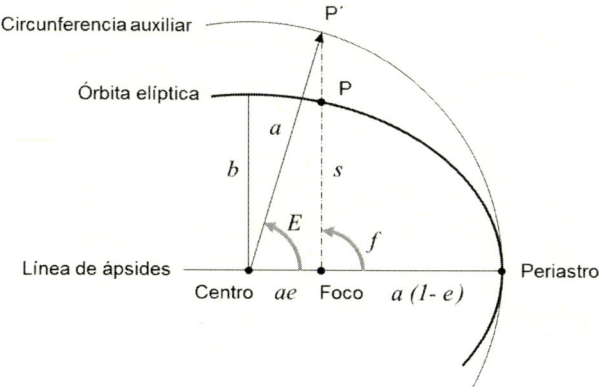

Fig. 6.3

6.5 ENUNCIADO: Un satélite artificial orbita la Tierra siguiendo una trayectoria elíptica directa con una excentricidad $e = 0.114$ y una altitud $h = 243\ km$ en el perigeo. Calcular la anomalía verdadera de la posición del satélite 30^m después de su paso por aquel, suponiendo para la masa y radio de la Tierra, supuesta esférica y uniforme, y para la constante de gravitación universal los mismos valores que en el ejercicio 6.4.

SOLUCIÓN: El semieje mayor de la órbita se deduce de la ecuación 3.1:

$$a = \frac{R_T + h}{1 - e}$$

$$= 7.4650\ 10^6\ m$$

Y, hallado este, el periodo orbital se calcula a partir de la tercera ley de Kepler recogida en las expresiones 1.1 y 1.2 despreciando la masa del satélite frente a la de la Tierra:

$$T = 2\,\pi\,\sqrt{\frac{a^3}{G\,M_T}}$$

$$= 6\ 418^s.6$$

La anomalía media de la posición la dan las relaciones 3.4 y 3.5:

$$M = 360° \,\frac{1\ 800}{6\ 418.6}$$

$$= 100°.9566$$

Y para conocer la anomalía excéntrica se resuelve la ecuación de Kepler a la inversa. Procediendo como se indica en 3.19 se obtiene en este caso la sucesión de valores recogida en la tabla de la figura 6.4:

E_0	$100°.9566$
E_1	$107°.3693$
E_2	$107°.1905$
E_3	$107°.1965$
E_4	$107°.1963$
E_5	$107°.1963$

Fig. 6.4

bastando aquí con apenas 5 iteraciones para que el resultado ya no varíe dentro de la precisión elegida para el dato.

Y el resultado del problema lo da la aplicación directa de la fórmula 3.12:

$$f = 2\,arctan\left(tan\,\frac{E}{2}\,\sqrt{\frac{1+e}{1-e}}\right)$$

$$= 113°.3464$$

COMENTARIOS: En el primer volumen de esta obra se trabajó en todos los cálculos con siete decimales, que son, como mínimo, los que siempre están disponibles en una calculadora económica de diez dígitos.

En la formulación de ejercicios de Astronomía de posición abundan los cocientes de funciones trigonométricas, que pueden llegar a ser extremadamente sensibles a los errores de redondeo. En estos otros cálculos y en ausencia de dichos cocientes suele poder trabajarse con menor número de decimales sin que el resultado varíe apreciablemente a efectos académicos.

6.6 ENUNCIADO: Un cometa describe una órbita elíptica directa alrededor del Sol con una distancia a su centro en el perihelio r_p = 5.8991 ua y una excentricidad e = 0.5055. Calcular la anomalía verdadera y la distancia a la que se encuentra 10 años después de su paso por el afelio.

SOLUCIÓN: Como en el ejercicio 6.5, el semieje mayor de la órbita se calcula a partir de la propiedad general de la elipse indicada en la ecuación 3.1:

$$a = \frac{r_p}{1 - e}$$

$$= 11.9294 \, ua$$

y el periodo mediante la tercera ley de Kepler, que en este caso y despreciando la masa del cometa frente a la del Sol puede aproximarse por la fórmula 1.3:

$$T = \sqrt{11.9294^3}$$

$$= 41.2029 \, años$$

La anomalía media a los 10 años exactos del paso por el afelio, que ocurre a la mitad del periodo orbital, será según las relaciones 3.4 y 3.5:

$$M = \frac{2\,\pi}{41.2029} \left(\frac{41.2029}{2} + 10 \right) = 4.6665^{rad}$$

E_0	4.6665
E_1	4.1615
E_2	4.2358
E_3	4.2173
E_4	4.2217
E_5	4.2206
E_6	4.2209
E_7	4.2208
E_8	4.2209
E_9	4.2208

Fig. 6.5

y su anomalía excéntrica, iterando la inversa de la ecuación de Kepler según se muestra en 3.19, resulta, en radianes, como se recoge en la tabla de la figura 6.5. De donde se obtiene la anomalía verdadera a partir de la ecuación 3.12 teniendo en cuenta que es definida positiva:

$$f = 2\, arctan\left(\sqrt{\frac{1.5055}{0.4945}}\; tan\; \frac{241^{o}.8341}{2}\right)$$

$$= 217^{o}.8880$$

La distancia al Sol en esa posición la proporciona la ecuación 2.8 que, para órbitas elípticas, resulta:

$$r(f) = \frac{a\,(1 - e^{2})}{1 + e \cos f} \qquad [6.3]$$

Y en este caso:

$$r = \frac{11.9294\,(1 - 0.5055^{2})}{1 + 0.5055\,\cos 217.8880}$$

$$= 14.7759\; ua$$

COMENTARIOS: Los periodos orbitales involucrados en todas las ecuaciones derivadas de la solución al problema de los dos cuerpos son en realidad periodos anomalísticos aunque, dado que en el modelo matemático del que parten no existen puntos de referencia externos, la precisión en el término no tiene recorrido.

Para ser igualmente precisos, en los periodos orbitales indicados en años terrestres, aunque pueden suponerse sidéreos por defecto, cabría especificar el tipo de año cuando se incorporan datos por ejemplo en días, ya que la relación entre ellos es ligeramente diferente. En este ejercicio el dato para calcular la anomalía media está igualmente en años, sin especificar, por lo que no aplica la posible ambigüedad.

6.7 ENUNCIADO: Un cuerpo en trayectoria hiperbólica alrededor del Sol pasa por el perihelio a una distancia r_P del centro de la estrella igual a 69.5508 millones de km con una velocidad v_P de 75 673 $m\ s^{-1}$ y un exceso de velocidad hiperbólica v_∞ de 43 690 $m\ s^{-1}$. Calcular el semieje mayor a de la órbita, la masa del Sol $M_\odot$ considerando la del cuerpo despreciable y el tiempo que tardará este en llegar a la intersección con el semilado recto. Suponer la constante de gravitación universal G igual a 6.6743 $10^{-11}\ m^3\ kg^{-1}\ s^{-2}$.

SOLUCIÓN: De la expresión de la velocidad en función de la norma del radio vector dada en la tabla de la figura 2.3 y siendo que en las órbitas hiperbólicas se cumple la relación 3.19, se deduce que en estas la velocidad en el periápside obedece a la fórmula:

$$v_P{}^2 = \frac{\mu}{a}\frac{e+1}{e-1}$$

Y teniendo en cuenta además el valor del exceso de velocidad hiperbólica indicado en la expresión 3.27 se deriva:

$$e = \frac{(v_P/v_\infty)^2 + 1}{(v_P/v_\infty)^2 - 1}$$

$$= 2.0000$$

Conocida la excentricidad de la hipérbola, el valor de su semieje mayor se obtiene aquí de la propia relación 3.19:

$$a = \frac{r_P}{e-1}$$

$$= 6.95508\ 10^7\ \boldsymbol{km}$$

y la masa del Sol desde la expresión 3.27

$$M_\odot = \frac{v_\infty{}^2\ a}{G}$$

$$= 1.9891\ 10^{30}\ \boldsymbol{kg}$$

En la intersección de la trayectoria con el semilado recto de la órbita la anomalía verdadera es 90° y por tanto, según la ecuación 3.25, la anomalía hiperbólica es en este caso:

$$F = 2\,arctanh\sqrt{\frac{e-1}{e+1}}$$

$$= 1.31696$$

La anomalía media hiperbólica la da entonces directamente la relación 3.23:

$$M_h = 2\ senh\ 1.31696 - 1.31696$$

$$= 2.14715$$

con lo que el tiempo de vuelo t hasta la intersección con el semilado recto de la órbita puede calcularse ya invirtiendo la relación 3.24:

$$t = M_h \sqrt{\frac{a^3}{G\,M_\odot}}$$

$$= 3\ 418\ 097\ s$$

$$= 39.5613\ d$$

COMENTARIOS: Como podrá observarse, la primera parte de este problema es similar al ejercicio 6.2, aunque ofreciéndose aquí un proceso alternativo para el cálculo, y la segunda es una aplicación directa del procedimiento recogido en el apartado 3.3 para hallar la anomalía media a partir de la verdadera. El proceso inverso, que implica encontrar la anomalía hiperbólica a partir de la media, es mucho más complicado que en el caso de las órbitas elípticas dado que, aunque la ecuación 3.23 admite en teoría un procedimiento similar al descrito en la 3.10 para su solución, al ser el seno hiperbólico una función no acotada esa iteración no es convergente salvo para un conjunto de valores iniciales F_0 muy concreto que es difícil determinar a priori. En la literatura especializada abundan los trabajos monográficos dedicados a la resolución de la ecuación de Kepler para órbitas hiperbólicas.

6.8 ENUNCIADO: Hallar el periodo orbital de Venus sabiendo que desde una latitud eclíptica heliocéntrica β de 2° 47′ 11″ en el perihelio hasta el nodo descendente tarda 77.506 días, que la inclinación i y la excentricidad e de su órbita son 3°.39449 y 0.006772 respectivamente y considerando que esta última es lo suficientemente pequeña como para poder aproximar el elipsoide de revolución en el que se inscribe la trayectoria por una esfera.

SOLUCIÓN: Por definición, la anomalía verdadera es cero en el periápside por lo que, con la condición del enunciado, el argumento del mismo puede obtenerse a partir de la ecuación 6.1:

$$\omega = arcsen \left(\frac{sen\, \beta}{sen\, i} \right)$$

$$= arcsen \left(\frac{sen\, 2.78639}{sen\, 3.39449} \right)$$

$$= 55°.18637$$

Y la anomalía verdadera en el nodo descendente es el ángulo suplementario de este argumento del periastro, como puede observarse en la figura 6.6.

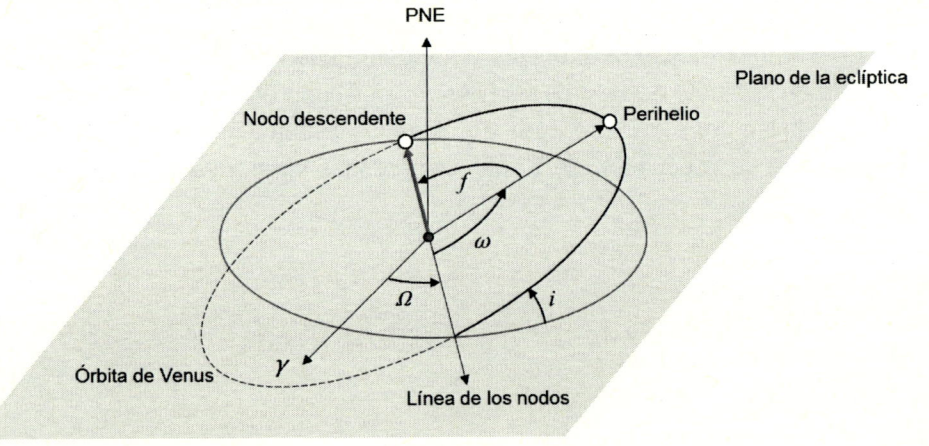

PNE

Plano de la eclíptica

Nodo descendente

Perihelio

f

ω

Ω

i

Órbita de Venus

γ

Línea de los nodos

Fig. 6.6

Por lo que:

$$f = 124°.81363$$

Conocida la anomalía verdadera, la excéntrica se halla invirtiendo la ecuación 3.12:

$$E = 2\,arctan\left(\tan 62.40682 \sqrt{\frac{1 - 0.006772}{1 + 0.006772}}\right)$$

$$= 129°.49446$$

y, partir de esta, la anomalía media aplicando directamente la ecuación de Kepler. Expresándola en radianes:

$$M = 2.17284 - 0.006772\,sen\,129.49446$$

$$= 2.16726$$

Con lo que el periodo orbital puede deducirse de las ecuaciones 3.4 y 3.5:

$$T_{sid} = (t - t_0)\,\frac{2\,\pi}{M^{rad}}$$

$$= 77.506\,\frac{2\,\pi}{2.16726}$$

$$= \mathbf{224.701\,d}$$

COMENTARIOS: El periodo sidéreo de Venus en la época de referencia J2000.0 fue exactamente de 224.701 días. La latitud eclíptica heliocéntrica proporcionada en el enunciado es la calculada previamente a partir de la geocéntrica real en el perihelio del 31/10/2020.

6.9 ENUNCIADO: Un cuerpo en trayectoria parabólica con foco en el Sol llega a la intersección con el semilado recto de la órbita a una velocidad v_S de 97 693 $m\ s^{-1}$ 74.5796 horas después de su paso por el perihelio. Suponiendo que su masa es despreciable frente a la del Sol $M_\odot$ calcular esta, la distancia r_P desde el foco al perihelio y la velocidad v_P al pasar por él. El valor de la constante de gravitación universal G es 6.6743 $10^{-11}\ m^3\ kg^{-1}\ s^{-2}$.

SOLUCIÓN: De la relación entre la norma de la velocidad y la del radio vector dada en la tabla de la figura 2.3 tenemos:

$$v_P = \sqrt{\frac{2\mu}{r_P}}$$

$$v_S = \sqrt{\frac{2\mu}{s}} \qquad [6.4]$$

Ya que en una órbita parabólica se cumple siempre que la distancia del foco al periastro es la mitad del semilado recto, según lo indicado en la expresión 3.13, de las anteriores se deduce, como se obtuvo en el ejercicio 5.10:

$$v_P = \sqrt{2}\,v_S$$

Con lo que en este caso:

$$\boldsymbol{v_P = 138\,159\ m\,s^{-1}}$$

En la intersección con el semilado recto de la órbita la anomalía verdadera es de 90° por lo que la fórmula 3.16 se reduce a

$$t_S - t_P = \frac{2}{3}\sqrt{\frac{s^3}{\mu}}$$

donde t_P y t_S son los instantes de paso por el perihelio y por el semilado recto, respectivamente.

Teniendo en cuenta la relación 6.4 y la 3.13 podemos escribir entonces:

$$r_P = \frac{3}{4\sqrt{2}}\,v_S\,(t_S - t_P)$$

que, con los valores del enunciado, resulta:

$$\boldsymbol{r_P = 1.39102\ 10^{10}\ m}$$

Y para el valor de la constante gravitacional μ, también a partir de las ecuaciones 6.4 y 3.13, se tiene:

$$\mu = r_P \, v_S{}^2$$

$$= 1.32758 \ 10^{20} \ m^3 \ s^{-2}$$

por lo que la masa del Sol, despreciando la del cuerpo en órbita, es:

$$M_\odot = \frac{\mu}{G}$$

$$= 1.9891 \ 10^{30} \ kg$$

6.10 ENUNCIADO: Un cuerpo de masa despreciable frente a la de la Tierra se aproxima a esta siguiendo una trayectoria desconocida en el plano ecuatorial hasta alcanzar una distancia mínima r_P de 149 000 km respecto de su centro, momento en el que se le miden una ascensión recta α_1 y una velocidad relativa v_1 de 284º 37' y 7 722.5 km/h respectivamente. Un tiempo después nuevas medidas obtienen unos valores $\alpha_2 = 014º\ 37'$ y $v_2 = 5\ 532.5\ km/h$. Determinar el tipo de órbita que describe el cuerpo sabiendo que la constante gravitacional μ para el caso de la Tierra y sin tener en cuenta perturbaciones es de 3.98629 10^{14} m^3 s^{-2}.

SOLUCIÓN: Si la órbita está contenida en el plano ecuatorial la diferencia entre las anomalías verdaderas de las posiciones del cuerpo en las dos observaciones es igual a la diferencia entre sus ascensiones rectas. Como la primera corresponde por definición al perigeo la segunda es la de la intersección con el semilado recto.

Como se indicó en el ejercicio 5.10, partiendo de las ecuaciones 2.8 y 2.11 para los casos $f = 0$ y $f = 90º$ se obtiene la relación entre las normas de las velocidades en el periastro y en la intersección con el semilado recto de la órbita, relación que viene dada por la expresión 5.14:

$$\frac{v_P}{v_S} = \frac{1 + e}{\sqrt{1 + e^2}}$$

de donde, si conocemos ambas velocidades, podemos despejar la excentricidad de la órbita resolviendo la ecuación de segundo grado:

$$ke^2 - 2e + k = 0$$

con

$$k = \frac{v_P{}^2}{v_S{}^2} - 1$$

y que, en el caso del enunciado, arroja los valores:

$$e_1 = 1.38884$$

$$e_2 = 0.72002$$

Si la trayectoria fuese hiperbólica el valor del semieje mayor vendría dado entonces por la relación 3.19:

$$a = \frac{r_P}{e - 1}$$

$$= 383\ 191\ km$$

y el del semilado recto por la fórmula indicada en la tabla de la figura 2.2:

$$s = a\,(e^2 - 1)$$
$$= 355\,937\ km$$

La norma de las velocidades relativas en el perigeo y en el semilado recto de la órbita, v_P y v_S respectivamente, serían, de acuerdo con la expresión recogida en la tabla de la figura 2.3:

$$v_P = \left[3.98629\ 10^{14}\left(\frac{2}{1.49000\ 10^8} + \frac{1}{3.83191\ 10^8}\right)\right]^{1/2}$$

$$= 2\,528.05\ m\,s^{-1}$$
$$= 9\,101.0\ km/h$$

$$v_S = \left[3.98629\ 10^{14}\left(\frac{2}{3.55937\ 10^8} + \frac{1}{3.83191\ 10^8}\right)\right]^{1/2}$$

$$= 1\,811.13\ m\,s^{-1}$$
$$= 6\,520.1\ km/h$$

En el caso de que la trayectoria fuese elíptica, según la fórmula 3.1, resultaría:

$$a = \frac{r_P}{1 - e}$$
$$= 532\,181\ km$$

Y, de acuerdo igualmente a las relaciones recogidas en las tablas de las figuras 2.2 y 2.3 para órbitas elípticas:

$$s = a\,(1 - e^2)$$
$$= 256\,283\ km$$

$$v_P = \left[3.98629\ 10^{14}\left(\frac{2}{1.49000\ 10^8} - \frac{1}{5.32181\ 10^8}\right)\right]^{1/2}$$

$$= 2\,145.15\ m\,s^{-1}$$
$$= 7\,722.5\ km/h$$

$$v_S = \left[3.98629\ 10^{14}\left(\frac{2}{2.56283\ 10^8} - \frac{1}{5.32181\ 10^8}\right)\right]^{1/2}$$

$$= 1\,536.82\ m\,s^{-1}$$
$$= 5\,532.5\ km/h$$

La trayectoria hiperbólica cumpliría así con los valores de la distancia al perigeo y de la relación entre las velocidades en él y en el semilado recto pero no con el valor de sus normas.

La órbita que describe el cuerpo con los datos del enunciado es **elíptica**.

6.11 ENUNCIADO: A partir de las coordenadas eclípticas heliocéntricas de Venus en su perihelio:

$$\beta_P = 002° \ 47' \ 11''.0$$
$$\lambda_P = 131° \ 49' \ 08''.8$$

hallar el ángulo del nodo Ω y el argumento del periastro ω de su órbita sabiendo que su inclinación i respecto al plano de la eclíptica es de 3° 23' 40".1 y su excentricidad lo suficientemente pequeña como para permitir aproximar el elipsoide de revolución en el que se inscribe por una esfera.

SOLUCIÓN: Con la condición del enunciado, la relación entre las coordenadas eclípticas del planeta en su perihelio y sus elementos orbitales queda definida por los tres triángulos esféricos esquematizados en la figura 6.7, donde:

- ❑ A es la posición de Venus.

- ❑ B es la intersección con el plano de la eclíptica del semicírculo máximo contenido en el plano del máximo de longitud.

- ❑ C es el nodo ascendente de la órbita.

- ❑ D es la intersección del semicírculo secundario de referencia con el plano de la eclíptica.

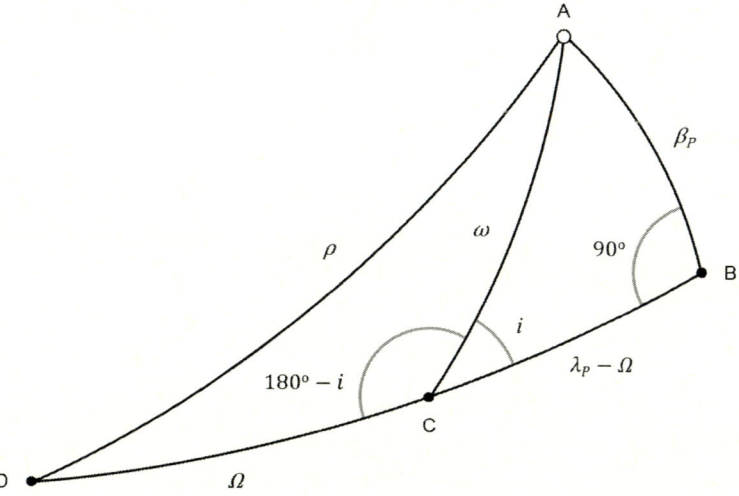

Fig. 6.7

Según lo anterior, del teorema del seno de la trigonometría esférica (fórmula 10.2) aplicado al triángulo ABC obtenemos la relación:

$$sen \ \omega = \frac{sen \ \beta_P}{sen \ i}$$

que es la misma que la 6.1 para el caso en que $f = 0$, quedando:

$$\omega = arcsen \left(\frac{sen\ 2.7863889}{sen\ 3.3944722}\right)$$

$$= 55°.1867696$$

$$= 55°\ 11'\ 12''.4$$

Del teorema del coseno (fórmula 10.1) en el triángulo ABD resulta:

$$cos\ \rho = cos\ \beta_P\ cos\ \lambda_P$$

teniendo en cuenta que el ángulo opuesto a ρ es de 90° al ser perpendiculares los máximos de longitud al plano de la eclíptica.

Y aplicado al triángulo ACD se tiene:

$$cos\ \rho = cos\ \omega\ cos\ \Omega + sen\ \omega\ sen\ \Omega\ cos(180° - i)$$

por lo que puede escribirse:

$$cos\ \beta_P\ cos\ \lambda_P = cos\ \omega\ cos\ \Omega - sen\ \omega\ sen\ \Omega\ cos\ i$$

De donde, con los valores del enunciado y el obtenido para el argumento del perihelio y operando con 7 decimales, queda la ecuación de segundo grado en $cos\ \Omega$:

$$1.4852275\ cos^2\ \Omega + 1.1320939\ cos\ \Omega - 0.3396723 = 0$$

cuyas soluciones en el intervalo $[0, 2\pi)$ son:

$$\Omega_1 =\quad 76°.6795129$$

$$\Omega_2 = 173°.0413230$$

$$\Omega_3 = 186°.9586770$$

$$\Omega_4 = 283°.3204871$$

Resolver la ambigüedad entre los valores anteriores, introducida por el carácter no biunívoco de las funciones circulares y cuadráticas, no es inmediato. Acudiendo al teorema de la cotangente (fórmula 10.4) aplicado al triángulo ABC resulta:

$$cos\ 90°\ cos\ (\lambda_P - \Omega) = sen\ (\lambda_P - \Omega)\ cot\ \beta_P - sen\ 90°\ cot\ i$$

Es decir:

$$\lambda_P - \Omega = arcsen\ \frac{tan\ \beta_P}{tan\ i}$$

que tiene por soluciones, con los valores del enunciado:

$$\Omega_A = 76°.6795145$$
$$\Omega_B = 6°.9587077$$

por lo que el valor correcto del ángulo del nodo es:

$$\Omega = 76° \; 40' \; 46''.2$$

COMENTARIOS: Nótese que Ω_4 es el ángulo opuesto a Ω_1 y Ω_B es el suplementario a Ω_2 y difiere 180° de Ω_3.

7 Sobre movimientos aparentes geocéntricos

7.1 ENUNCIADO: Los periodos sinódicos entre la Tierra y Marte T_{sinTM} y entre Marte y Júpiter T_{sinMJ} son 779.96 y 816.41 días medios respectivamente. Suponiendo las órbitas de todos los planetas circulares y coplanarias, calcular en ua el radio a_J de la de Júpiter. Considerar el año sidéreo igual a 365.256 días medios.

7.2 ENUNCIADO: Calcular la elongación de Júpiter en el solsticio de invierno sabiendo que sus coordenadas eclípticas geocéntricas en esa época son:

$$\lambda = 35^\circ \, 42' \, 58''.7$$
$$\beta = -01^\circ \, 14' \, 08''.7$$

7.3 ENUNCIADO: Suponiendo circulares y coplanarias las órbitas de la Tierra y de Urano, calcular la fase de este para una elongación de $101^\circ \, 05' \, 04''.8$ sabiendo que su periodo sinódico y el año sidéreo son 369.6565 y 365.2564 días medios respectivamente.

7.4 ENUNCIADO: Considerando que la órbita de Júpiter sea circular y contenida en el plano de la eclíptica, calcular el tiempo que transcurre entre su cuadratura oriental y su conjunción sabiendo que su periodo sinódico es de 398.8666 días medios y que el año sidéreo dura 365.2564 días medios.

7.5 ENUNCIADO: Suponiendo la órbita de la Tierra circular y la de Marte también circular pero no coplanaria, con un radio a_M de 1.52368 ua y una inclinación respecto al plano de la eclíptica de $01^\circ \, 50' \, 59''$, calcular su elongación mínima en oposición.

7.6 ENUNCIADO: En una época determinada la elongación oriental de Marte es $129^\circ \, 38' \, 34''$. Calcular la que presentará $86d \, 16h$ después suponiendo que la órbita del planeta es coplanaria con la eclíptica y circular con un radio r_M igual a 1.52368 ua. Considerar el año sidéreo igual a $365d.256$.

7.7 ENUNCIADO: Considerándola circular y contenida en el plano de la eclíptica, determinar en ua el radio a_S de la órbita de Saturno sabiendo que este, visto desde la Tierra, aparenta movimiento retrógrado el 36.39% del tiempo.

7.8 ENUNCIADO: Si la órbita de Venus fuera circular y coplanaria con la de la Tierra, con un radio a_V igual a 0.7233 ua, calcular la longitud eclíptica geocéntrica del planeta en el solsticio de verano cuando presenta una fase de 0.3906.

7.9 ENUNCIADO: En una determinada época la Luna se encuentra en su nodo descendente a una longitud eclíptica geocéntrica de $284^\circ \, 18' \, 24''.2$. Calcular el semidiámetro aparente que presentaría para un observador situado en el ecuador a

90° E de longitud geográfica λ_{GO} a las $03h\ 51m\ 00s$ de TU cuando ese día el tiempo sidéreo en Greenwich a las $00h$ de TU es $03h\ 44m\ 04s.6$, sabiendo que los radios de la Luna y de la Tierra, supuesta esférica y de densidad uniforme, son $1\ 738.14\ km$ y $6\ 378.14\ km$ respectivamente, que la inclinación de la eclíptica es de $23°\ 26'\ 10''.4$ y que la distancia del centro de la Tierra al de la Luna es de $384\ 403\ km$.

7.10 ENUNCIADO: En una determinada época en la que Venus se encuentra en conjunción inferior dirigiéndose hacia el nodo ascendente sus coordenadas eclípticas geocéntricas son:

$$\lambda_{GV} = 140°\ 28'\ 32''.9$$
$$\beta_{GV} = -7°\ 41'\ 34''.6$$

Sabiendo que su ángulo del nodo Ω_V es igual a $76°\ 40'\ 47''.7$ y que en ese momento sus distancias al Sol y a la Tierra r_{SV} y r_{TV} son 0.72816 y $0.28868\ ua$ respectivamente calcular la inclinación i de su órbita. Suponer que la excentricidad de la misma es lo suficientemente pequeña como para poder considerar esférica la superficie del elipsoide de revolución en la que se inscribe.

7.11 ENUNCIADO: Los semidiámetros geocéntricos del Sol en el perihelio S_{SP} y en el afelio S_{SA} son:

$$S_{SP} = 16'\ 17''.82$$
$$S_{SA} = 15'\ 45''.67$$

Si el semidiámetro topocéntrico máximo $S_{SOmáx}$ es de $16'\ 17''.87$ calcular a partir de los datos anteriores la excentricidad e de la órbita de la Tierra, su radio R_T y el del Sol R_S en ua.

7.12 ENUNCIADO: En una determinada época Venus presenta una fase igual a 0.4681. 120 días después su valor es de 0.8846 para una elongación $18°\ 13'\ 23''.6$ menor. Suponiendo que su órbita es circular y coplanaria con la de la Tierra, calcular su radio a_V en ua. Considerar el año sidéreo igual a 365.2564 días medios.

7.13 ENUNCIADO: Calcular, en ua, la distancia en línea recta que recorrería la Tierra en el espacio en el tiempo transcurrido entre la cuadratura occidental de Marte y su inmediata posición estacionaria, suponiendo que la órbita de este es circular, como la de la Tierra, coplanaria con ella y con un periodo sidéreo de 686.971 días medios. Considerar el año sidéreo de $365.256\ d$ de duración.

7.14 ENUNCIADO: Calcular cuántos días han transcurrido desde el último solsticio de invierno para que Venus presente una fase de 0.8426 cuando sus coordenadas eclípticas geocéntricas son:

$$\lambda_V = 61° \, 24' \, 57''.7$$

$$\beta_V = -1° \, 35' \, 49''.4$$

Considerar su órbita circular con un radio a_V igual a 0.7233 ua y un año trópico de 365.2422 días de duración:

7.15 ENUNCIADO: Suponiendo que las órbitas fueran circulares y coplanarias y utilizando la propiedad del doble producto vectorial:

$$\boldsymbol{a} \times (\boldsymbol{b} \times \boldsymbol{c}) = \boldsymbol{b}(\boldsymbol{c} \cdot \boldsymbol{a}) - \boldsymbol{c}(\boldsymbol{a} \cdot \boldsymbol{b})$$

hallar el valor de la distancia angular entre la Tierra y un planeta vista desde el Sol θ_0, en función del radio r_P de la órbita del planeta en ua, para la que el momento angular de éste respecto a la Tierra sea nulo.

.

7.1 ENUNCIADO: Los periodos sinódicos entre la Tierra y Marte T_{sinTM} y entre Marte y Júpiter T_{sinMJ} son 779.96 y 816.41 días medios respectivamente. Suponiendo las órbitas de todos los planetas circulares y coplanarias, calcular en ua el radio a_J de la de Júpiter. Considerar el año sidéreo igual a 365.256 días medios.

SOLUCIÓN: A partir de la expresión 4.4 puede deducirse el periodo sidéreo de Marte T_{sidM} en función del de la Tierra T_{sidT}:

$$T_{sidM} = \frac{1}{1 / T_{sidT} - 1 / T_{sinTM}}$$

que en años sidéreos resulta:

$$T_{sidM} = \frac{1}{1 - 1 / 2.13538}$$

$$= 1.88076$$

Y, utilizando la misma fórmula, el de Júpiter T_{sidJ} una vez conocido el de Marte, obteniéndose:

$$T_{sidJ} = \frac{1}{1 / T_{sidM} - 1 / T_{sinMJ}}$$

$$= \frac{1}{1 / 1.88076 - 1 / 2.23517}$$

$$= 11.86146$$

con lo que puede hallarse directamente el radio de su órbita con la relación entre ellos dada por la aproximación a la tercera ley de Kepler indicada en la ecuación 1.3:

$$a_J = \sqrt[3]{T_{sidJ}^2}$$

$$= 5.20106 \ ua$$

7.2 ENUNCIADO: Calcular la elongación de Júpiter en el solsticio de invierno sabiendo que sus coordenadas eclípticas geocéntricas en esa época son:

$$\lambda = 35^\circ\ 42'\ 58''.7$$

$$\beta = -\ 01^\circ\ 14'\ 08''.7$$

SOLUCIÓN: En el diagrama de la figura 4.2 el vector unitario en la dirección de r_{TP} coincide con el de la dirección indicada por las coordenadas eclípticas geocéntricas del planeta, vector cuyas componentes rectangulares son las descritas en las fórmulas 16.16 a 16.18.

Y el vector unitario en la dirección de r_T es el correspondiente al de la indicada por las coordenadas eclípticas heliocéntricas de la Tierra, que es la opuesta al de las coordenadas eclípticas geocéntricas del Sol ($\lambda_\odot$, $\beta_\odot$).

En primera aproximación la latitud eclíptica geocéntrica del Sol $\beta_\odot$ es cero y en el solsticio de invierno su longitud eclíptica $\lambda_\odot$ es 270° por lo que los componentes del vector unitario - r_T / $\|r_T\|$ expresado en coordenadas rectangulares son en este caso simplemente:

$$e1_\odot = 0$$

$$e2_\odot = -1$$

$$e3_\odot = 0$$

Así que el producto escalar indicado en la ecuación 4.7 se reduce a

$$\cos E = -\cos \beta\ sen\ \lambda$$

con lo que:

$$E = arccos\ (-\cos -1.23575\ sen\ 35.71631)$$

$$= 125^\circ.70673$$

$$= 125^\circ\ 42'\ 24''.2$$

Elongación oriental ya que λ es menor que 90° y en esa posición Júpiter está en el semiplano oeste de la eclíptica.

7.3 ENUNCIADO: Suponiendo circulares y coplanarias las órbitas de la Tierra y de Urano, calcular la fase de este para una elongación de 101° 05′ 04″.8 sabiendo que su periodo sinódico y el año sidéreo son 369.6565 y 365.2564 días medios respectivamente.

SOLUCIÓN: El radio de la órbita de Urano r_U se deduce de su periodo sinódico invirtiendo la relación 4.5:

$$r_U = \sqrt[3]{\left(\frac{T_{sin}}{T_{sin} \pm 1}\right)^2} \qquad\qquad [7.1]$$

En este caso y siendo un planeta exterior:

$$r_U = \sqrt[3]{\left(\frac{369.6565 \,/\, 365.2564}{369.6565 \,/\, 365.2564 - 1}\right)^2}$$

$$= 19.18186 \, ua$$

A partir del radio de la órbita puede calcularse entonces el ángulo de fase aplicando el teorema de los senos de la trigonometría plana a la posición relativa de los astros. Como puede apreciarse en la figura 4.2:

$$\phi = arcsen\left(\frac{1}{r_U} \, sen\, E\right)$$

$$= arcsen\left(\frac{1}{19.18186} \, sen\, 101.08467\right)$$

$$= 2°.93253$$

Y, conocido este, la fase del planeta directamente mediante la fórmula 4.23:

$$\Phi = 0.99935$$

COMENTARIOS: El suplementario al ángulo de fase indicado en el ejercicio evidentemente no es una solución válida ya que superaría el valor máximo para un planeta exterior dado por la relación 4.10.

7.4 ENUNCIADO: Considerando que la órbita de Júpiter sea circular y contenida en el plano de la eclíptica, calcular el tiempo que transcurre entre su cuadratura oriental y su conjunción sabiendo que su periodo sinódico es de 398.8666 días medios y que el año sidéreo dura 365.2564 días medios.

SOLUCIÓN: En el supuesto del enunciado, el radio de la órbita del planeta en ua se calcula a partir de su periodo sinódico en as aplicando la fórmula 7.1, que siendo Júpiter un planeta exterior resulta, con los datos indicados:

$$r_J = \sqrt[3]{\left(\frac{398.8666\,/\,365.2564}{398.8666\,/\,365.2564 - 1}\right)^2}$$

$$= 5.20281\ ua$$

Como puede apreciarse en la figura 4.4, la distancia angular Tierra-planeta vista desde el centro del Sol obedece a la expresión:

$$\theta = arccos\ \frac{1}{r_J}$$

que arroja en este caso, considerados elongación y ángulo de fase orientales:

$$\theta = 78°.9186$$

siendo el ángulo conjugado al anterior el correspondiente a la solución para la cuadratura occidental.

Puede verse también en la misma figura que la distancia angular θ' recorrida por el planeta desde su cuadratura hasta su conjunción es:

$$\theta' = 180° - \theta$$

$$= 101°.0814$$

Y si la órbita se supone circular su velocidad angular debe ser constante y el tiempo t transcurrido para recorrer θ' viene dado, invirtiendo la ecuación 4.9, por

$$t = T_{sin}\ \frac{\theta'}{360°}$$

$$= 111.9944\ d$$

$$= \mathbf{111d\ 23h\ 51m\ 56s}$$

7.5 ENUNCIADO: Suponiendo la órbita de la Tierra circular y la de Marte también circular pero no coplanaria, con un radio a_M de 1.52368 ua y una inclinación respecto al plano de la eclíptica de 01° 50′ 59″, calcular su elongación mínima en oposición.

SOLUCIÓN: En la figura 7.1 se muestra un esquema genérico de la posición de los astros donde la oposición de Marte se produce a una longitud eclíptica heliocéntrica λ_{op} respecto al nodo ascendente de su órbita.

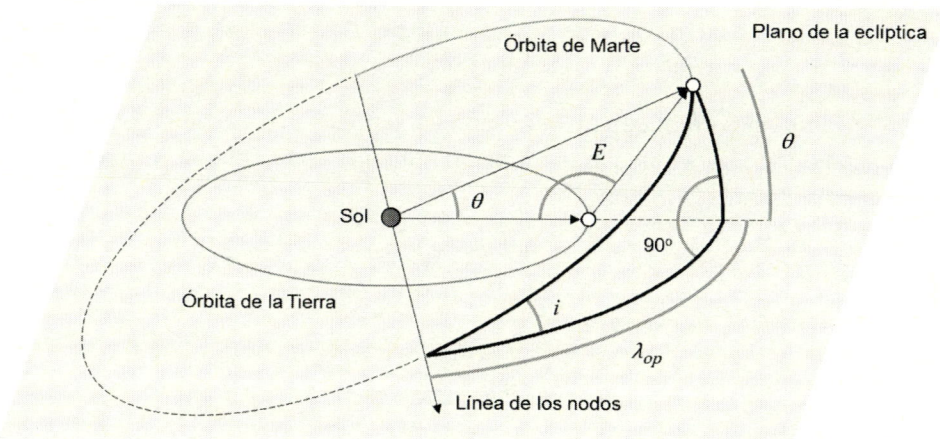

Fig. 7.1

Del teorema de la cotangente, recogido en la fórmula 10.4, aplicado al triángulo esférico resaltado en el gráfico, cuyos vértices son el nodo de la órbita de Marte, la posición de este y la intersección del máximo de longitud que pasa por ella con la eclíptica, resulta:

$$cos\, 90° \cos \lambda_{op} = sen\, \lambda_{op} \cot \theta - sen\, 90° \cot i$$

de donde se infiere inmediatamente la relación:

$$tan\, \theta = sen\, \lambda_{op} \tan i \qquad\qquad\qquad [7.2]$$

Para un valor de a_M constante mayor que 1 el máximo de E corresponde al mínimo de θ, lo que según la expresión anterior ocurre en $\lambda_{op} = 0$ para cualquier valor de i. Es decir, el máximo de E, que es 180°, se produce cuando la oposición coincide en la línea de nodos de la órbita de Marte, que obviamente es el caso siempre si se considera la simplificación de órbitas coplanarias adoptada en el apartado 4.2.

Y en la condición indicada de a_M constante mayor que 1 el mínimo de E corresponde al máximo de θ, que ocurrirá para λ_{op} = 90°. Es decir, para $\theta = i$ ya que ni la distancia angular Tierra-Marte ni la inclinación de la órbita pueden superar los 180°.

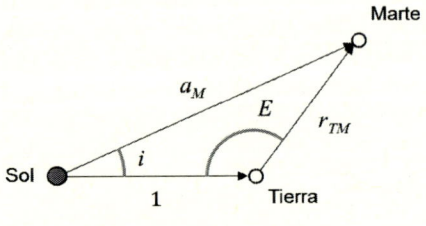

Fig. 7.2

La figura 7.2 muestra entonces un diagrama de la posición en el plano perpendicular a la eclíptica donde se verifica la elongación mínima. Según el teorema del seno de la trigonometría plana tenemos:

$$\frac{a_M}{sen\ E} = \frac{r_{TM}}{sen\ i}$$

Es decir:

$$E = arcsen \left(\frac{a_M}{r_{TM}} sen\ i \right)$$

Y del teorema del coseno, expresando las distancias en ua, se obtiene:

$$r_{TM} = \sqrt{a_M{}^2 - 2 \cos i\ a_M + 1}$$

con lo que, con los valores del enunciado, resulta:

$$E = arcsen \left(\frac{1.52368}{0.52519} sen\ 1.84972 \right)$$

$$= 174°.62666$$

$$= \mathbf{174°\ 37'\ 36''}$$

donde la solución correcta es el ángulo suplementario al proporcionado por la calculadora, ya que este correspondería a una posición simétrica.

COMENTARIOS: En el caso de este ejercicio, supuestas circulares las órbitas para poder considerar las trayectorias orbitales como arcos de círculos máximos y utilizar con propiedad las relaciones de la trigonometría esférica, la distancia angular θ Tierra-Marte vista desde el Sol coincide con el valor absoluto de la latitud eclíptica heliocéntrica de Marte.

7.6 ENUNCIADO: En una época determinada la elongación oriental de Marte es 129° 38' 35". Calcular la que presentará $86d$ $16h$ después suponiendo que la órbita del planeta es coplanaria con la eclíptica y circular con un radio r_M igual a 1.52368 ua. Considerar el año sidéreo igual a $365d.256$.

SOLUCIÓN: Las figuras 7.3a y 7.3b muestran las posiciones relativas aproximadas de los astros sobre el plano de la eclíptica en la época de referencia y $86d$ $16h$ después respectivamente.

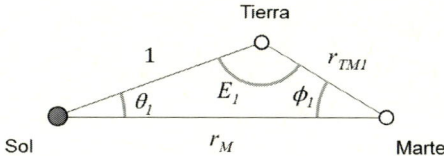

Fig. 7.3a

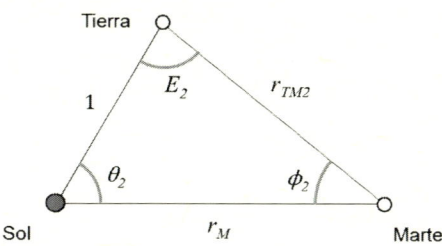

Fig. 7.3b

Del teorema de los senos de la trigonometría plana aplicado a la primera se obtiene:

$$\frac{1}{sen\ \phi_1} = \frac{r_M}{sen\ E_1}$$

de donde podemos calcular el ángulo de fase correspondiente a la época de referencia:

$$\phi_1 = arcsen\left(\frac{1}{1.52368}\ sen\ 129.64306\right)$$

$$= 30°.35643$$

y a partir de él la distancia angular θ_1:

$$\theta_1 = 180^o - E_1 - \phi_1$$

$$= 20^o.00051$$

De acuerdo con la fórmula 4.9, la distancia angular Marte-Tierra vista desde el Sol será:

$$\theta_2 = \theta_1 + \frac{2\,\pi}{T_{sin}}\,\Delta t$$

donde Δt es el tiempo transcurrido entre las dos épocas.

El periodo sinódico de Marte puede obtenerse a partir de su radio mediante las relaciones 1.3 y 4.4:

$$T_{sid} = \sqrt{1.52368^3}$$

$$= 1.88079\,as$$

$$T_{sin} = \frac{1}{1 - 1\,/\,T_{sid}}$$

$$= 2.13534\,as$$

$$= 779.95\,d$$

con lo que la distancia angular θ_2 resulta:

$$\theta_2 = 20^o.00051 + \frac{360^o}{779.95}\,86.66667$$

$$= 60^o.00308$$

La distancia r_{TM2} entre la Tierra y Marte en la segunda época se calcula utilizando el teorema del coseno:

$$r_{TM2} = \sqrt{1 + 1.52368^2 - 2 \cdot 1.52368\,cos\,60.00308}$$

$$= 1.34092\,ua$$

Y conocida esta la elongación pedida se obtiene aplicando nuevamente el teorema del seno al triángulo de la figura 7.3b:

$$\frac{r_{TM2}}{sen\,\theta_2} = \frac{r_M}{sen\,E_2}$$

de donde se despeja:

$$E_2 = arcsen\left(\frac{1.52368}{1.34092}\ sen\ 60.00308\right)$$

$$= 79°.76603$$

$$= \mathbf{79°\ 45'\ 58''}$$

7.7 ENUNCIADO: Considerándola circular y contenida en el plano de la eclíptica, determinar en ua el radio a_S de la órbita de Saturno sabiendo que este, visto desde la Tierra, aparenta movimiento retrógrado el 36.39% del tiempo.

SOLUCIÓN: Para una órbita circular recorrida a velocidad uniforme, la distancia angular θ_e correspondiente a la posición de los puntos estacionarios puede calcularse directamente a partir de la proporción del periodo sinódico en la que presenta movimiento retrógrado invirtiendo la fórmula 4.13:

$$\theta_e = 180^\circ \frac{\Delta t}{T_{sin}}$$

$$= 180^\circ \cdot 0.3639$$

$$= 65^\circ.5020$$

Y la expresión 4.11 establece una relación directa entre el dato obtenido anterior y el radio de la órbita del planeta buscado pero la inversión de la misma en este caso no es inmediata. Realizando el cambio de variable:

$$x = \sqrt{a_S}$$

queda de la forma:

$$\cos \theta_e = \frac{x^2 + x}{x^3 + 1}$$

Ecuación polinómica de tercer grado cuyas soluciones pueden encontrarse de forma analítica por el método de Cardano. Aquí no es necesario recurrir a él ya que los polinomios del numerador y del denominador en el segundo término de la ecuación son ambos divisibles por el binomio (x+1), obteniéndose:

$$\cos \theta_e = \frac{x}{x^2 - x + 1}$$

Es decir:

$$x^2 - (1 + \sec \theta_e)\, x + 1 = 0 \qquad\qquad [7.3]$$

Cuyas soluciones con el dato del enunciado son:

$$x_1 = 3.0878$$

$$x_2 = 0.3239$$

siendo correcta evidentemente la primera ya que la segunda correspondería a un planeta interior con $a < 1$. Por tanto:

$$a_S = x_1{}^2$$

$$= 9.5345\,ua$$

COMENTARIOS: Nótese que, dada la precisión con la que se suministra el único dato de partida, no es necesario en este ejercicio trabajar en los cálculos con mayor número de decimales que el utilizado.

7.8 ENUNCIADO: Si la órbita de Venus fuera circular y coplanaria con la de la Tierra, con un radio a_V igual a 0.7233 ua, calcular la longitud eclíptica geocéntrica del planeta en el solsticio de verano cuando presenta una fase de 0.3906.

SOLUCIÓN: La figura 7.4 muestra un esquema de la situación relativa de los astros en el plano de la eclíptica, supuestas sus órbitas contenidas en él.

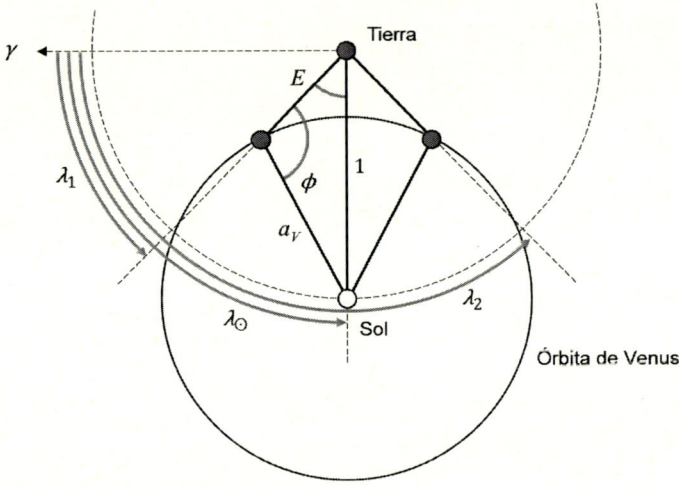

Fig. 7.4

Como puede apreciarse, el planeta Venus podría encontrarse en dos ubicaciones simétricas respecto a la línea Sol-Tierra correspondientes a las longitudes eclípticas:

$$\lambda_1 = \lambda_\odot - E$$

$$\lambda_2 = \lambda_\odot + E$$

no indicando el enunciado ningún criterio para dejar de considerar alguna de ellas.

Conocida la fase del planeta para la época puede calcularse su ángulo de fase en la misma invirtiendo la relación 4.23:

$$\phi = 2\,arccos\sqrt{\Phi}$$

$$= 102°.6386$$

descartando aquí la otra solución en el intervalo $[0, 2\pi)$ correspondiente al ángulo conjugado ya que ϕ no puede superar los 180°.

A partir del ángulo de fase la elongación se obtiene aplicando el teorema de los senos de la trigonometría plana:

$$\frac{1}{sen\ \phi} = \frac{a_V}{sen\ E}$$

Es decir:

$$E = arcsen\ (a_V\ sen\ \phi)$$

$$= 44^{\circ}.8921$$

donde la solución correspondiente al ángulo suplementario no es válida ya que, de acuerdo con lo que indica la ecuación 4.8, la elongación resultante superaría el valor máximo posible para Venus:

$$E_{máx} = arcsen\ 0.7233$$

$$= 46^{\circ}.3276$$

Por lo tanto, y recordando que en el solsticio de verano $\lambda_{\odot} = 90^{\circ}$ las longitudes eclípticas geocéntricas posibles para Venus son:

$$\lambda_1 = 45^{\circ}\ 06'\ 28''.4$$

$$\lambda_2 = 134^{\circ}\ 53'\ 31''.6$$

COMENTARIOS: Los datos de partida del ejercicio corresponden al solsticio de verano de 2023, en el que Venus presentó una longitud eclíptica de $134^{\circ}\ 04'\ 13''.4$. El 0.6% de diferencia con el resultado obtenido obedece a que tanto la excentricidad como la inclinación de la órbita de Venus son pequeñas pero no nulas.

7.9 ENUNCIADO: En una determinada época la Luna se encuentra en su nodo descendente a una longitud eclíptica geocéntrica de 284° 18′ 24″.2. Calcular el semidiámetro aparente que presentaría para un observador situado en el ecuador a 90° E de longitud geográfica λ_{GO} a las $03h\ 51m\ 00s$ de TU cuando ese día el tiempo sidéreo en Greenwich a las $00h$ de TU es $03h\ 44m\ 04s.6$, sabiendo que los radios de la Luna y de la Tierra, supuesta esférica y de densidad uniforme, son $1\ 738.14\ km$ y $6\ 378.14\ km$ respectivamente, que la inclinación de la eclíptica es de 23° 26′ 10″.4 y que la distancia del centro de la Tierra al de la Luna es de $384\ 403\ km$.

SOLUCIÓN: Si la Tierra se considera una esfera perfecta de densidad uniforme la latitud geográfica (tanto geocéntrica como geodésica) y astronómica coinciden y las coordenadas ecuatoriales geocéntricas del observador (δ_O, α_O) son entonces:

$$\delta_O = \varphi_O$$

$$\alpha_O = TSL$$

siendo δ_O = 0° ya que está situado en el ecuador y donde TSL es su tiempo sidéreo local, que puede obtenerse a partir de los datos del enunciado invirtiendo la ecuación 11.2:

$$TSL = TSG0 + C_T\,TU + \lambda_{GO}$$

$$03h\ 44m\ 04.6s$$
$$+\ 03h\ 51m\ 37.9s$$
$$06h\ 00m\ 00.0s$$

$$\overline{}$$

$$TSL = 13h\ 35m\ 42.6s$$

$$= 203°.9270833$$

Convirtiendo estas coordenadas ecuatoriales en eclípticas mediante las fórmulas 9.6 y 9.7 resultan:

$$\beta_O = arcsen\,(-\,sen\ 23.4362222\ \ sen\ 203.9270833)$$

$$= 9°.2828267$$

$$\lambda_O = arccos\left(\frac{cos\ 203.9270833}{cos\ 9.2828267}\right)$$

$$= 157°.8487371$$

con lo que las coordenadas rectangulares del vector de posición del observador, atendiendo a las relaciones 16.16 a 16.18, son, en km:

$$e_{01} = 6\ 378.14\ (cos\ 9.2828267\ cos\ 157.8487371)$$

$$= -\ 5\ 830.02$$

$$e_{02} = 6\ 378.14\ (cos\ 9.2828267\ sen\ 157.8487371)$$

$$= 2\ 373.40$$

$$e_{03} = 6\ 378.14\ sen\ 9.2828267$$

$$= 1\ 028.85$$

y las del vector de posición del centro de la Luna:

$$e_{L1} = 384\ 403\ (cos\ 0\ cos\ 284.3067222)$$

$$= 94\ 990.86$$

$$e_{L2} = 384\ 403\ (cos\ 0\ sen\ 284.3067222)$$

$$= -\ 372\ 481.41$$

$$e_{L3} = 384\ 403\ sen\ 0$$

$$= 0$$

Conocidas estas, la distancia del observador al centro del satélite, que es la norma del vector r_{OL} en la expresión 4.17, resulta:

$$\|r_{OL}\| = \sqrt{(e_{L1} - e_{01})^2 + (e_{L2} - e_{02})^2 + (e_{L3} - e_{03})^2}$$

$$= \sqrt{100\ 820.88^2 + 374\ 854.81^2 + 1\ 028.85^2}$$

$$= 388\ 177.84\ km$$

y el semidiámetro topocéntrico del mismo visto desde el observador descrito en el enunciado, invirtiendo la ecuación 4.14, es:

$$S_{LO} = arcsen\ \frac{1\ 738.14}{388\ 177.84}$$

$$= 0^{\circ}.\ 2565536$$

$$= 0^{\circ}\ 15'\ 23''.6$$

COMENTARIOS: Ni la solución ofrecida para este ejercicio ni el apartado del resumen de teoría correspondiente 4.4 contemplan el efecto de la refracción de la luz en la atmósfera, recogido en el apartado 4.1 del primer volumen, dedicado a la Astrometría.

Debido a la refracción, y salvo si se observa en el cénit, el semidiámetro topocéntrico medido tampoco es realmente único sino que depende del punto observado del limbo, que en los casos del Sol y de la Luna, con semidiámetros grandes, puede conducir a diferencias de altura sobre el horizonte apreciables.

7.10 ENUNCIADO: En una determinada época en la que Venus se encuentra en conjunción inferior dirigiéndose hacia el nodo ascendente sus coordenadas eclípticas geocéntricas son:

$$\lambda_{GV} = 140° 28' 32''.9$$

$$\beta_{GV} = -7° 41' 34''.6$$

Sabiendo que su ángulo del nodo Ω_V es igual a 76° 40' 47''.7 y que en ese momento sus distancias al Sol y a la Tierra r_{SV} y r_{TV} son 0.72816 y 0.28868 ua respectivamente calcular la inclinación i de su órbita. Suponer que la excentricidad de la misma es lo suficientemente pequeña como para poder considerar esférica la superficie del elipsoide de revolución en la que se inscribe.

SOLUCIÓN: La figura 7.5 muestra un esquema de la posición relativa de los astros en perspectiva sobre el plano de la eclíptica.

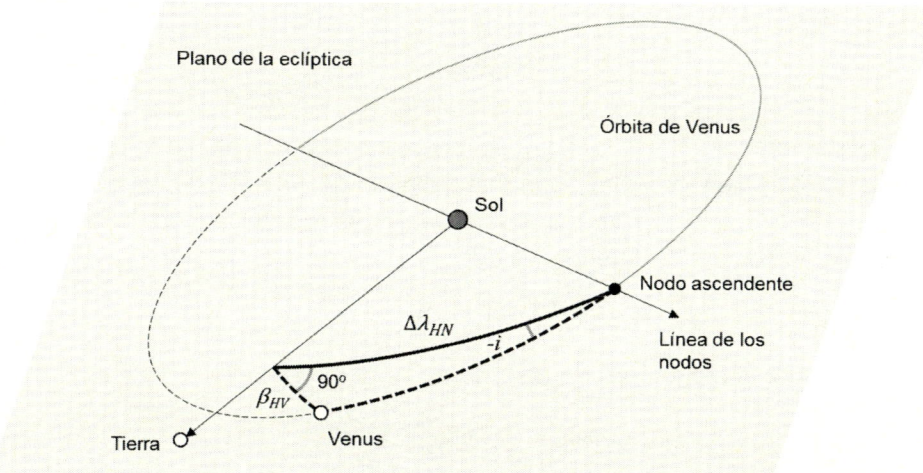

Fig. 7.5

Con la premisa del enunciado puede considerarse el triángulo curvo remarcado en el dibujo como un triángulo esférico y, aplicando el teorema de la cotangente según la fórmula 10.4 y teniendo en cuenta que los planos que contienen los máximos de longitud son perpendiculares al de la eclíptica, obtener la relación:

$$cos\,90° \; cos\,\Delta\lambda_{HN} = sen\,\Delta\lambda_{HN}\,cot\,\beta_{HV} + sen\,90° \; cot\,i$$

de la que es inmediato deducir:

$$i = arctan\left(-\frac{tan\,\beta_{HV}}{sen\,\Delta\lambda_{HN}}\right)$$

donde β_{HV} es la latitud eclíptica heliocéntrica de Venus en la época y $\Delta\lambda_{HN}$ es la longitud heliocéntrica de su nodo ascendente respecto a la dirección Sol-Tierra.

La figura 7.6 es la proyección sobre el plano de la eclíptica de la posición dibujada en la figura 7.5.

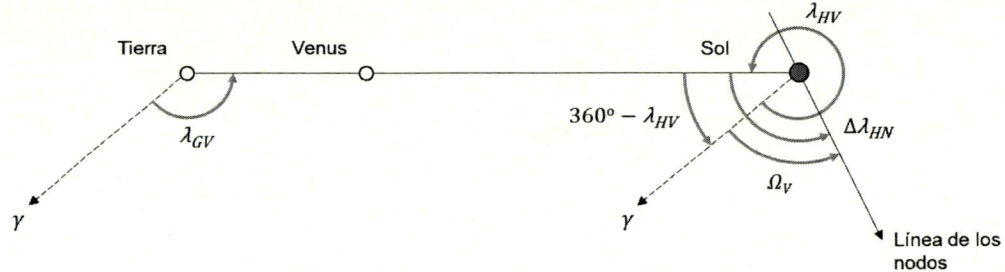

Fig. 7.6

Como puede apreciarse, esa longitud eclíptica heliocéntrica del nodo respecto a la dirección hacia la Tierra es igual al ángulo del nodo Ω_V más el ángulo conjugado de la longitud heliocéntrica de Venus, que difiere 180° de la geocéntrica cuando el planeta está en conjunción inferior. Es decir:

$$\Delta\lambda_{HN} = 180º - \lambda_{GV} + \Omega_V$$

que con los valores del enunciado resulta:

$$\Delta\lambda_{HN} = 116º.2041138$$

Y el cálculo de la latitud eclíptica heliocéntrica de Venus resulta igualmente simplificado al encontrase este en una de sus conjunciones. En la figura 7.7 se representa el plano transversal al de la eclíptica que pasa por la dirección Sol-Tierra. De ella se induce directamente que:

$$r_{SV}\,sen\,\beta_{HV} = r_{TV}\,sen\,\beta_{GV}$$

de donde obtenemos:

$$\beta_{HV} = arcsen\left(\frac{0.28868}{0.72816}\,sen - 7.6929444\right)$$

$$= -3º.0421518$$

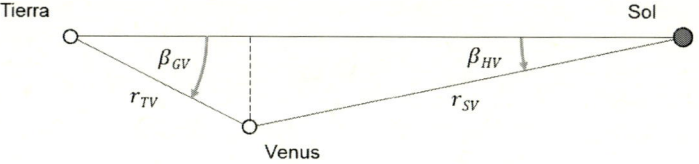

Fig. 7.7

Con lo que la inclinación de la órbita de Venus es:

$$i = arctan\left(-\frac{tan - 3.0421518}{sen\ 116.2041138}\right)$$

$$= 3°.\,3898458$$

$$= \mathbf{3°\ 23'\ 23''.44}$$

COMENTARIOS: Las coordenadas dadas en el enunciado corresponden a la posición real del planeta el 13/08/2023 a las $11h\ 22m\ 27s$ de TU y la inclinación real de su órbita en la época de referencia J2000,0 es de 3° 23′ 40″.08. Como puede verse, el efecto de la elipticidad es escaso aquí ya que la excentricidad de la órbita de Venus es muy baja (0.00677). De hecho, la pequeña diferencia obtenida en el resultado del ejercicio (del orden del 0.1%) incluye también otras causas como la propagación del error de redondeo y las perturbaciones sobre la órbita acaecidas entre las dos épocas.

7.11 ENUNCIADO: Los semidiámetros geocéntricos del Sol en el perihelio S_{SP} y en el afelio S_{SA} son:

$$S_{SP} = 16'\ 17''.82$$

$$S_{SA} = 15'\ 45''.67$$

Si el semidiámetro topocéntrico máximo $S_{SOmáx}$ es de 16' 17''.87 calcular a partir de los datos anteriores la excentricidad e de la órbita de la Tierra, su radio R_T y el del Sol R_S en ua.

SOLUCIÓN: De la ecuación 4.15 para los semidiámetros geocéntricos máximo y mínimo y teniendo en cuenta la expresión de las distancias del foco a los ápsides en una elipse se desprenden las relaciones:

$$sen\ S_{SA} = \frac{R_S}{a_T\,(1+e)} \qquad\qquad [7.4]$$

$$sen\ S_{SP} = \frac{R_S}{a_T\,(1-e)} \qquad\qquad [7.5]$$

donde a_T es el semieje mayor de la órbita terrestre. Entre las dos igualdades anteriores podemos eliminar la variable que representa el cociente R_S/a_T, quedando:

$$sen\ S_{SA}\,(1+e) = sen\ S_{SP}\,(1-e)$$

Es decir:

$$e = \frac{sen\ S_{SP} - sen\ S_{SA}}{sen\ S_{SP} + sen\ S_{SA}}$$

que, con los valores dados en el enunciado, resulta:

$$e = \frac{sen\ 0.2716167 - sen\ 0.2626861}{sen\ 0.2716167 + sen\ 0.2626861}$$

$$= 0.0167144$$

Aquí, una vez conocido el valor de la excentricidad de la órbita terrestre, a partir de cualquiera de las relaciones 7.4 o 7.5 puede calcularse inmediatamente el valor del cociente R_S/a_T, que es precisamente el del radio del Sol en ua. Así:

$$R_S = sen\ S_{SP}\,(1-e)$$

$$= 0.0046614$$

El semidiámetro topocéntrico máximo ocurrirá en el perihelio cuando, conforme a la ecuación 4.16, la distancia del observador al centro del Sol sea mínima, lo que sucederá, como puede apreciarse en la figura 4.7, cuando el observador esté situado sobre la línea que va desde el centro de la Tierra al del Sol, en cuya posición se cumple, en la ecuación 4.17:

$$\|\boldsymbol{r}_{OP}\| = \|\boldsymbol{r}_{TP} - \boldsymbol{r}_{TO}\| = \|\boldsymbol{r}_{TP}\| - \|\boldsymbol{r}_{TO}\|$$

y por tanto se verifica:

$$sen\ S_{SOmáx} = \frac{R_S}{a\,(1-e) - R_T}$$

O, lo que es lo mismo, expresando los radios del Sol y de la Tierra en ua:

$$sen\ S_{SOmáx} = \frac{R_S}{1 - e - R_T}$$

de donde puede obtenerse directamente este último:

$$R_T = 1 - e - \frac{R_S}{sen\ S_{SOmax}}$$

$$= 1 - 0.0167144 - \frac{0.0046614}{sen\ 0.2716306}$$

$$= \mathbf{0.0000402}$$

COMENTARIOS: En una órbita real el semieje mayor no coincide totalmente y de forma exacta con la distancia media al foco ya que la trayectoria no es una elipse matemáticamente perfecta debido a las perturbaciones, que causan además que su valor cambie lentamente con el tiempo y por lo que no resulta adecuado como patrón de medida de distancias. La unidad astronómica se define así como una unidad de longitud constante igual a 149 597 870 700 metros, resultando entonces que el semieje mayor de la órbita de la Tierra (en la época de referencia) es igual a 1.0000026 ua, difiriendo de la unidad en una proporción no relevante a los efectos en este problema.

Como se puede apreciar en los datos que proporciona el enunciado, la diferencia entre semidiámetros geocéntricos y topocéntricos es muy pequeña incluso para el caso del Sol (no así para el de la Luna). Debido a ello se llega en el resultado del ejercicio a un valor del radio de la Tierra con un error del orden del 6%, que se ha preferido conservar para mantener como datos los valores del radio angular del Sol ofrecidos, que son valores reales (los mejores telescopios terrestres pueden tener un poder de resolución del orden de la centésima de segundo).

7.12 ENUNCIADO: En una determinada época Venus presenta una fase igual a 0.4681. 120 días después su valor es de 0.8846 para una elongación 18° 13′ 23″.6 menor. Suponiendo que su órbita es circular y coplanaria con la de la Tierra, calcular su radio a_V en ua. Considerar el año sidéreo igual a 365.2564 días medios.

SOLUCIÓN: Si con el paso del tiempo la fase aumenta y la elongación disminuye esta es occidental y la situación de los astros en las dos épocas será similar a la de la figura 7.7.

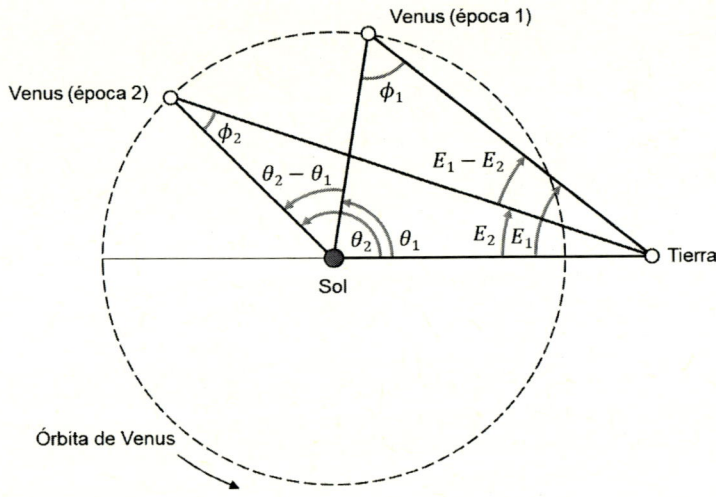

Fig. 7.7

De los dos triángulos de posiciones relativas se tienen las relaciones:

$$\theta_1 = 180° - \phi_1 - E_1$$

$$\theta_2 = 180° - \phi_2 - E_2$$

y, restándolas:

$$\theta_2 - \theta_1 = \phi_1 - \phi_2 + E_1 - E_2$$

La diferencia de elongaciones la da el enunciado y los ángulos de fase se obtienen directamente de la ecuación 4.23, conocida la fase:

$$\phi_1 = 2\, arccos\sqrt{0.4681}$$

$$= 93°.65796$$

$$\phi_2 = 2\, arccos\sqrt{0.8846}$$

$$= 39°.71790$$

Por lo que la diferencia entre las distancias angulares Venus-Tierra vistas desde el Sol es:

$$\theta_2 - \theta_1 = 93.65796 - 39.71790 + 18.22322$$

$$= 72^\circ.16328$$

Esta diferencia de ángulos es proporcional a la fracción de periodo sinódico recorrido durante el tiempo t transcurrido entre las dos épocas según la relación 4.9, de donde se obtiene:

$$T_{sinV} = t \, \frac{360^\circ}{\theta_2 - \theta_1} \qquad\qquad [7.6]$$

$$= 598.64 \, d$$

$$= 1.63896 \, as$$

Y, conocido el periodo sinódico del planeta T_{sinV} en as, el radio de su órbita en ua se calcula invirtiendo la fórmula 4.5:

$$a_V = \sqrt[3]{\left(\frac{T_{sinV}}{T_{sinV} + 1}\right)^2}$$

$$= 0.72793 \, ua$$

COMENTARIOS: El periodo sinódico medio y el semieje mayor de la órbita de Venus son 583.92 días y 0.72333 ua respectivamente. La pequeña diferencia con los valores obtenidos en el ejercicio obedece a que los datos del enunciado corresponden a la órbita real del planeta, no a un cálculo para una órbita teórica circular. En tres dimensiones, los dos triángulos de las posiciones relativas de los astros no se encuentran en el mismo plano y la fórmula 7.6 es una aproximación.

7.13 ENUNCIADO: Calcular, en ua, la distancia en línea recta que recorrería la Tierra en el espacio en el tiempo transcurrido entre la cuadratura occidental de Marte y su inmediata posición estacionaria, suponiendo que la órbita de este es circular, como la de la Tierra, coplanaria con ella y con un periodo sidéreo de 686.971 días medios. Considerar el año sidéreo de 365.256 d de duración.

SOLUCIÓN: La figura 7.8 muestra el esquema de las posiciones relativas de los astros en las épocas correspondientes a la cuadratura occidental de Marte y a su primera posición estacionaria desde ella.

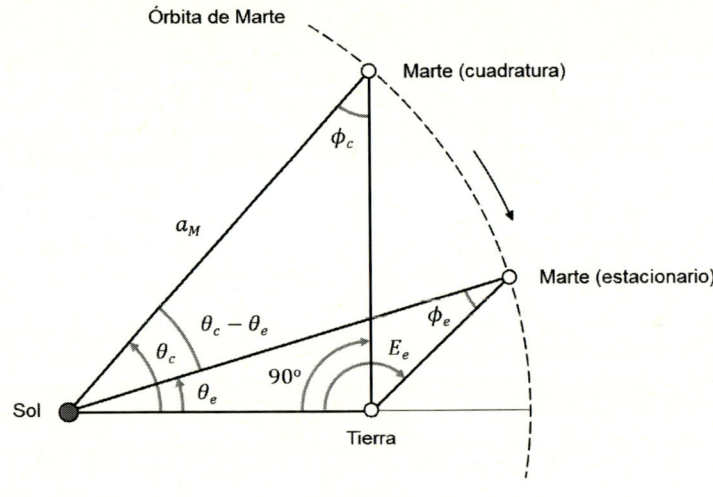

Fig. 7.8

El radio de la órbita de Marte se calcula directamente a partir del valor de su periodo sidéreo invirtiendo la igualdad 1.3:

$$a_M = \sqrt[3]{T_{sidM}^2}$$

$$= \sqrt[3]{\left(\frac{686.971}{365.256}\right)^2}$$

$$= 1.52368 \, ua$$

Y, conocido este, las distancias angulares entre la Tierra y Marte medidas desde el Sol correspondientes a las dos épocas se obtienen mediante las ecuaciones:

$$\theta_c = arccos \frac{1}{a_M}$$

que se deduce de la figura 4.4, y:

$$\theta_e = arccos\left(\frac{a_M + \sqrt{a_M}}{\sqrt{a_M{}^3 + 1}}\right)$$

[4.11]

que, con el valor de a_M obtenido arriba, resultan:

$$\theta_c = 48°.98126$$

$$\theta_e = 16°.78510$$

Siendo la diferencia $\theta_c - \theta_e$ la fracción respecto a 2π del periodo sinódico transcurrido entre las dos épocas.

La figura 7.9 recoge el mismo esquema de las posiciones relativas que la 7.8 pero considerando Marte en lugar de la Tierra como punto de referencia, advirtiéndose que, al hacerlo, se intercambian los valores de la elongación y el ángulo de fase de cada una de ellas.

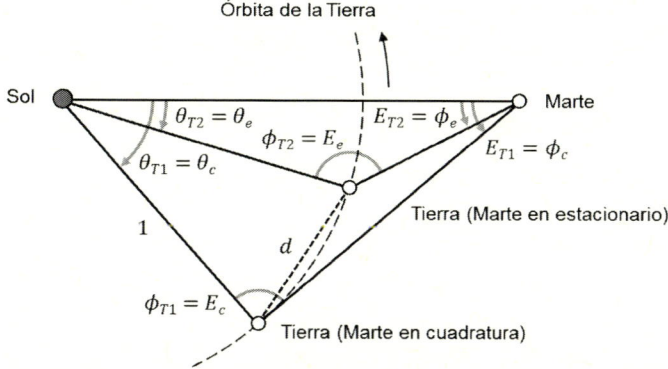

Fig. 7.9

Como para cada triángulo de posiciones relativas debe cumplirse:

$$180° = \theta + \phi + E$$

resulta inmediato deducir que:

$$\theta_c - \theta_e = \theta_{T1} - \theta_{T2}$$

Es decir, que la diferencia de distancias angulares Tierra-Marte vistas desde el Sol entre las dos épocas obviamente no depende del eje de referencia.

La figura 7.9 es relevante porque en ella se observa de forma más directa que la distancia recorrida por la Tierra en el intervalo de tiempo del enunciado puede obtenerse sin más que aplicar el teorema del coseno de la trigonometría plana:

$$d = \sqrt{1^2 + 1^2 - 2\cos(48.98126 - 16.78510)}$$

$$= 0.55456 \; ua$$

7.14 ENUNCIADO: Calcular cuántos días han transcurrido desde el último solsticio de invierno para que Venus presente una fase de 0.8426 cuando sus coordenadas eclípticas geocéntricas son:

$$\lambda_V = 61° \ 24' \ 57''.7$$

$$\beta_V = -1° \ 35' \ 49''.4$$

Considerar su órbita circular con un radio a_V igual a 0.7233 ua y un año trópico de 365.2422 días de duración:

SOLUCIÓN: El periodo de tiempo t transcurrido desde el último solsticio hasta la época de referencia del enunciado, en años trópicos, será igual a la parte proporcional frente a 2π que represente la diferencia de longitudes del Sol entre los dos instantes.

Teniendo en cuanta que la longitud para el solsticio de invierno precede 90° a la del punto Aries obtenemos:

$$t = \frac{90° + \lambda_\odot}{360°}$$

donde $\lambda_\odot$ es la longitud eclíptica geocéntrica del Sol cuando Venus presenta las coordenadas del enunciado.

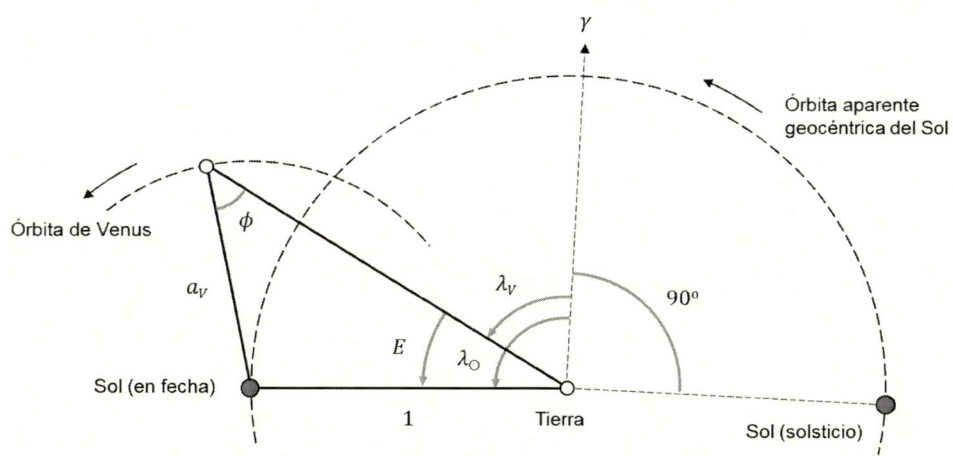

Fig. 7.10

Si la órbita de Venus fuera coplanaria con la de la Tierra el diagrama de la posición relativa de los astros correspondería aproximadamente al de la figura 7.10.

El ángulo de fase se halla invirtiendo la relación 4.23:

$$\phi = 2 \, arccos \sqrt{0.8426}$$

$$= 46º.7487$$

y la elongación aplicando el teorema de los senos al triángulo plano de las posiciones relativas

$$E = arcsen \, (a_V \, sen \, \phi)$$

$$= 31º.7908$$

Como puede apreciarse en la figura 7.10, la longitud eclíptica del Sol en la época del enunciado sería simplemente la de Venus más su elongación pero, aunque la inclinación de su órbita es pequeña, no puede considerarse aquí que el triángulo de posiciones relativas esté contenido en el mismo plano que la eclíptica ya que el enunciado especifica una latitud distinta de 0 para el planeta. La diferencia de longitudes $\lambda_\odot - \lambda_V$ debe obtenerse entonces resolviendo el triángulo esférico de la figura 7.11.

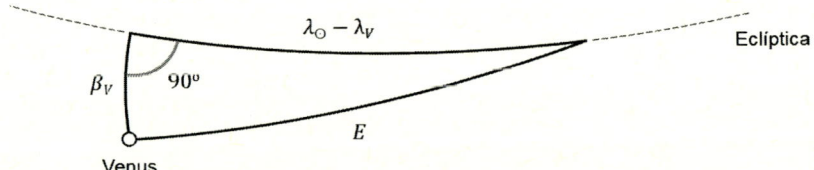

Fig. 7.11

Según el teorema del coseno de la trigonometría esférica (ecuación 10.1) y teniendo en cuenta que los planos que contienen los máximos de longitud son perpendiculares al de la eclíptica tenemos:

$$cos \, E = cos \, \beta_V \, cos(\lambda_\odot - \lambda_V) + sen \, \beta_V \, sen \, (\lambda_\odot - \lambda_V) \, cos \, 90º$$

de donde queda:

$$\lambda_\odot - \lambda_V = arccos \left(\frac{cos \, E}{cos \, \beta_V} \right)$$

$$= arccos \left(\frac{cos \, 31.7908}{cos \, -1.5971} \right)$$

$$= 31º.7549$$

Y el tiempo solicitado en el enunciado resulta así:

$$t = 365.2422 \, \frac{90 + 31.7549 + 61.4160}{360}$$

$$= 185.8382 \, d$$

7.15 ENUNCIADO: Suponiendo que las órbitas fueran circulares y coplanarias y utilizando la propiedad del doble producto vectorial:

$$a \times (b \times c) = b(c \cdot a) - c(a \cdot b)$$

hallar el valor de la distancia angular entre la Tierra y un planeta vista desde el Sol θ_0, en función del radio r_P de la órbita del planeta en ua, para la que el momento angular de éste respecto a la Tierra sea nulo.

SOLUCIÓN: La figura 7.12 indica un esquema genérico de las posiciones relativas de dos planetas cualesquiera A y B orbitando en torno al Sol en sentido directo con velocidades angulares respectivas ω_A y ω_B.

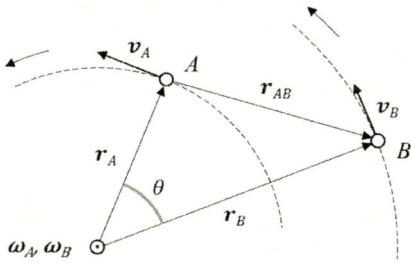

Fig. 7.12

Por definición, el momento angular específico de B respecto de A L_{eAB} es:

$$L_{eAB} = r_{AB} \times v_{AB}$$

siendo v_{AB} la velocidad relativa de B respecto de A. Es decir:

$$L_{eAB} = (r_B - r_A) \times (v_B - v_A)$$

$$= r_B \times v_B - r_B \times v_A - r_A \times v_B + r_A \times v_A$$

Y teniendo en cuenta que:

$$v_A = \omega_A \times r_A$$

$$v_B = \omega_B \times r_B$$

resulta:

$$L_{eAB} = r_B \times (\omega_B \times r_B) - r_B \times (\omega_A \times r_A) - r_A \times (\omega_B \times r_B) + r_A \times (\omega_A \times r_A)$$

La expresión anterior, aplicando la propiedad del doble producto vectorial indicada en el enunciado, deviene:

$$L_{eAB} = \omega_B\, r_B{}^2 - r_B(r_B \cdot \omega_B) - \omega_A(r_A \cdot r_B) + r_A(r_B \cdot \omega_A) -$$
$$- \omega_B(r_B \cdot r_A) + r_B(r_A \cdot \omega_B) + \omega_A\, r_A{}^2 - r_A(r_A \cdot \omega_A)$$

Que, dado que los vectores de velocidad angular son ortogonales al plano que contiene los vectores de posición y su producto escalar con cualquiera de ellos es cero, se reduce a

$$L_{eAB} = \omega_B\, r_B{}^2 - \omega_A(r_A \cdot r_B) - \omega_B(r_B \cdot r_A) + \omega_A\, r_A{}^2$$

Siendo además que ω_A y ω_B son colineales se tiene de la anterior que el momento angular específico de B respecto de A es:

$$L_{eAB} = \omega_B\, r_B{}^2 - (\omega_A + \omega_B)(r_A \cdot r_B) + \omega_A\, r_A{}^2$$

Y su norma, en función de las de los vectores de posición y las de los respectivos momentos angulares:

$$L_{eAB} = \omega_B\, r_B{}^2 + \omega_A\, r_A{}^2 - (\omega_A + \omega_B)\, r_A\, r_B \cos\theta$$

Considerando ahora a su vez el valor de las normas de los momentos angulares en función de los respectivos periodos orbitales en años sidéreos:

$$\omega_A = \frac{2\,\pi}{T_A}$$

$$\omega_B = \frac{2\,\pi}{T_B}$$

y la aproximación a la tercera ley de Kepler dada en la relación 1.3:

$$T_A = \sqrt{r_A{}^3}$$

$$T_B = \sqrt{r_B{}^3}$$

la expresión resultante es:

$$L_{eAB} = 2\,\pi \left[\sqrt{r_B} + \sqrt{r_A} - \left(\frac{r_A}{\sqrt{r_B}} + \frac{r_B}{\sqrt{r_A}} \right) \cos\theta \right] \qquad [7.7]$$

donde r_A y r_B vienen dados en ua, por lo que, si A es la Tierra y B representa un planeta exterior cuyo radio orbital es r_P, es equivalente a

$$L_{eAB} = 2\,\pi \left[\sqrt{r_P} + 1 - \left(\frac{1}{\sqrt{r_P}} + r_P \right) \cos\theta \right]$$

que resulta igual a 0 para un valor θ_0 de la distancia angular Tierra-planeta vista desde el Sol:

$$\theta_0 = arccos \left(\frac{r_P + \sqrt{r_P}}{1 + r_P \sqrt{r_P}} \right) \qquad [7.8]$$

Notándose que, dado que la ecuación 7.7 es simétrica respecto de A y B, pueden también normalizarse en ella los radios de las órbitas respecto a r_B llegándose a la misma solución encontrada, que por lo tanto es válida igualmente para un planeta interior.

COMENTARIOS: Como el coseno es función par existen dos soluciones en θ a la ecuación 7.8, que es inmediato advertir que es la misma que la dada en 4.11, de signo opuesto, que corresponden a los dos puntos estacionarios en los que el momento angular del planeta respecto a la Tierra cambia de signo positivo (vector en dirección al polo norte eclíptico) para movimiento aparente directo a negativo (en dirección al polo sur) para movimiento aparente retrógrado y viceversa.

Anexos

8 Sistemas de coordenadas

PRINCIPALES SISTEMAS DE COORDENADAS ASTRONÓMICAS

COORDENADAS	Coordenada 1	Coordenada 2	Plano fundamental de referencia	Eje de referencia	Semicírculos secundarios	Semicírculo secundario de referencia	Círculos secundarios
Geográficas	Longitud geográfica (1) $-180° \leq \lambda \leq 180°$	Latitud geográfica (1) $-90° \leq \varphi \leq 90°$	Ecuador terrestre	Línea de los polos geográficos	Meridianos geográficos	Primer meridiano (Greenwich)	Paralelos geográficos
Horizontales	Azimut $0° \leq A < 360°$ (2)	Altura (3) $-90° \leq h \leq 90°$	Horizonte verdadero	Línea cénit-nadir	Verticales	Vertical sur (4)	Almicantarats
Ecuatoriales horarias	Horario $0h \leq H < 24 h$	Declinación $-90° \leq \delta \leq 90°$	Ecuador celeste	Línea de los polos celestes	Semicírculos horarios	Meridiano superior del lugar	Paralelos de declinación, celestes o diurnos
Ecuatoriales absolutas	Ascensión recta (5) $0h \leq \alpha < 24 h$	Declinación $-90° \leq \delta \leq 90°$	Ecuador celeste	Línea de los polos celestes	Máximos de ascensión	Primer máximo de ascensión (γ)	Paralelos de declinación
Eclípticas	Longitud eclíptica $0° \leq \lambda < 360°$	Latitud eclíptica $-90° \leq \beta \leq 90°$	Eclíptica	Línea de los polos eclípticos	Máximos de longitud o coluros (6)	Primer máximo de longitud o coluro del nodo ascendente (γ)	Paralelos de latitud celeste
Galácticas	Longitud galáctica $0° \leq l < 360°$ (7)	Latitud galáctica $-90° \leq b \leq 90°$	Plano galáctico	Línea de los polos galácticos	-	Normal a la línea Sol-centro galáctico	-

Fig. 8.1

(1) Astronómica (φ), geocéntrica (φ') o geodésica.
(2) Azimut astronómico o náutico.
(3) También se usa frecuentemente la distancia cenital $z = 90° - h$.
(4) Para azimut astronómico.
(5) Ocasionalmente se emplea el ángulo sidéreo = $360° - \alpha$.
(6) Muchos autores reservan el término coluro para los dos círculos máximos que pasan por los polos eclípticos y por los puntos del equinoccio (coluro equinoccial) o del solsticio (coluro solsticial).
(7) En algunas fuentes puede encontrarse también $-180° \leq l \leq 180°$

9 Transformación de coordenadas

9.1 Horizontales y horarias

Astro al oeste del observador
(hemisferio boreal)

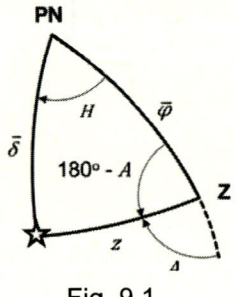

Fig. 9.1

$$\delta = arcsen \left(sen\, h \, sen\, \varphi \, - cos\, h \, cos\, \varphi \, cos\, A \right) \quad [9.1]$$

$$H = arcsen \left(\frac{cos\, h \, sen\, A}{cos\, \delta} \right) \quad [9.2]$$

$$h = arcsen \left(sen\, \delta \, sen\, \varphi + cos\, \delta \, cos\, \varphi \, cos\, H \right) \quad [9.3]$$

$$A = arcsen \left(\frac{sen\, H \, cos\, \delta}{cos\, h} \right) \quad [9.4]$$

9.2 Horarias y ecuatoriales

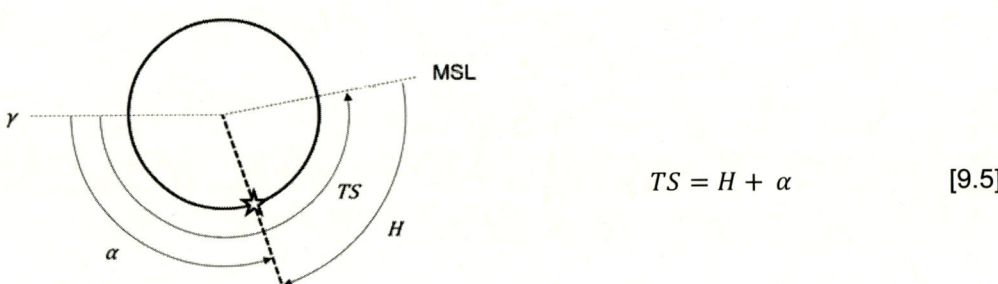

Fig. 9.2

$$TS = H + \alpha \quad [9.5]$$

9.3 Ecuatoriales y eclípticas

Hemisferio norte

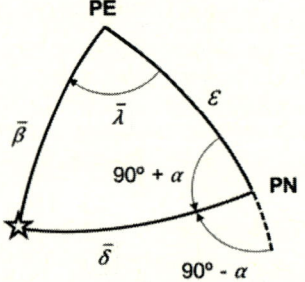

Fig. 9.3

$$\beta = arcsen \left(sen\, \delta \, cos\, \varepsilon - cos\, \delta \, sen\, \varepsilon \, sen\, \alpha \right) \quad [9.6]$$

$$\lambda = arccos \left(\frac{cos\, \alpha \, cos\, \delta}{cos\, \beta} \right) \quad [9.7]$$

$$\delta = arcsen \left(sen\, \beta \, cos\, \varepsilon + cos\, \beta \, sen\, \varepsilon \, sen\, \lambda \right) \quad [9.8]$$

$$\alpha = arccos \left(\frac{cos\, \beta \, cos\, \lambda}{cos\, \delta} \right) \quad [9.9]$$

10 Trigonometría esférica

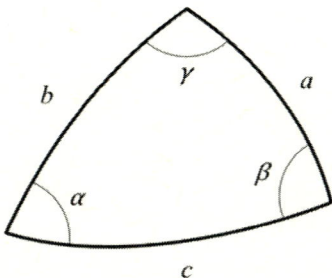

Fig. 10.1

10.1 Teorema del coseno (1ª fórmula de Bessel)

$$cos\,a = cos\,b\,cos\,c + sen\,b\,sen\,c\,cos\,\alpha \qquad [10.1]$$

10.2 Teorema del seno (2ª fórmula de Bessel)

$$\frac{sen\,a}{sen\,\alpha} = \frac{sen\,b}{sen\,\beta} = \frac{sen\,c}{sen\,\gamma} \qquad [10.2]$$

10.3 Fórmula de los cinco elementos (fórmula de Bessel del 3er grupo)

$$sen\,a\,cos\,\beta = sen\,c\,cos\,b - cos\,c\,sen\,b\,cos\,\alpha \qquad [10.3]$$

10.4 Teorema de la cotangente (fórmula de Bessel del 3er grupo)

$$cos\,\beta\,cos\,c = sen\,c\,cot\,a - sen\,\beta\,cot\,\alpha \qquad [10.4]$$

11 Tiempo

11.1 Tiempo sidéreo y tiempo solar

$$TS_{medio} = C_T \, T_{solar\ medio} \qquad\qquad [11.1]$$

$$C_T = \frac{366.2422}{365.2422} \approx 1.0027379$$

11.2 Tiempo sidéreo y tiempo universal

$$TU = \frac{1}{C_T}\left(TSL - TSG0 - \lambda\right) \qquad\qquad [11.2]$$

$$T_c = TU + \lambda \qquad\qquad [11.3]$$

11.3 Siglas y símbolos

TS Tiempo sidéreo

TSL Tiempo sidéreo local

$TSG0$ Tiempo sidéreo en Greenwich a las 0^h de TU

TU Tiempo universal

λ Longitud geográfica

12 Puntos de Lagrange

El problema de los n cuerpos descrito por la ecuación diferencial 3.34 sí tiene solución analítica en un caso particular para $n = 3$, en el denominado *problema de los tres cuerpos restringido*, cuando una de las masas es despreciable frente a las otras dos, llamadas *masas primarias*, que se desplazan en órbitas relativas circulares entre sí.

En ese caso, la tercera masa puede permanecer en posición relativa constante respecto a las masas primarias M_1 y M_2 en cinco puntos del espacio conocidos como *puntos de libración* o de Lagrange.

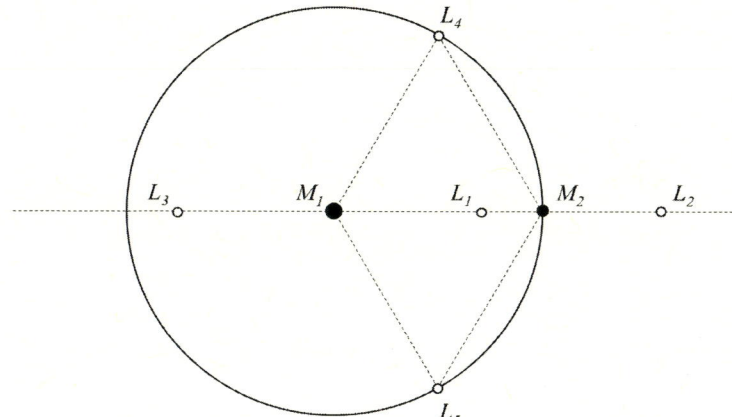

Fig. 12.1

Como puede advertirse en la figura 12.1, los puntos de Lagrange L_1, L_2 y L_3 se sitúan en línea con la recta que une los centros de las masas M_1 y M_2. Estos tres puntos son inestables. Cualquier perturbación en la órbita de la tercera masa expulsaría a esta de la posición.

Los puntos L_4 y L_5 son estables y se sitúan en los vértices de los dos triángulos equiláteros cuyo lado común es el segmento que une las masas primarias.

Se han encontrado varias evidencias que demuestran la validez de la solución encontrada por Lagrange a este caso particular. La más conocida es la de los grupos de asteroides conocidos como *griegos* y *troyanos*, que ocupan los puntos L_4 y L_5, respectivamente, de la órbita de Júpiter. Actualmente, el término *troyano* se ha extendido a cualquier cuerpo que ocupe una de esas posiciones en una órbita. La Tierra, Marte, Urano y Neptuno también tienen troyanos conocidos.

13 Teorema del virial

Aun no disponiéndose de solución analítica general para el problema de los n cuerpos con $n > 2$, sí es posible obtener matemáticamente cierta información estadística sobre el comportamiento del conjunto de ellos.

Suponiendo un sistema aislado de n masas puntuales se define el *virial* del sistema como la variable:

$$A = \sum_{k=1}^{n} \boldsymbol{p}_k \cdot \boldsymbol{r}_k \qquad [13.1]$$

donde $\boldsymbol{p}_k$ y $\boldsymbol{r}_k$ son el momento lineal y el radio vector de la masa k. Su derivada respecto al tiempo:

$$\dot{A} = \sum_{k=1}^{n} (\boldsymbol{p}_k \cdot \dot{\boldsymbol{r}}_k + \dot{\boldsymbol{p}}_k \cdot \boldsymbol{r}_k) \qquad [13.2]$$

puede escribirse como:

$$\dot{A} = 2\, E_{cT} + \sum_{k=1}^{n} \boldsymbol{F}_k\, \boldsymbol{r}_k \qquad [13.3]$$

siendo E_{cT} la energía cinética total del sistema y $\boldsymbol{F}_k$ la fuerza total aplicada a la masa k.

Si la composición del sistema permanece invariante en el tiempo (ninguno de los cuerpos que lo integran entra o sale de él y sus radios y velocidades permanecen finitos) el promedio de su virial tiende a un determinado valor (no puede ser infinito) y el promedio de su derivada tiene a cero cuando $t \to \infty$ por lo que, después de un tiempo suficientemente largo, puede considerarse:

$$2\,\langle E_{cT}\rangle + \left\langle \sum_{k=1}^{n} \boldsymbol{F}_k\, \boldsymbol{r}_k \right\rangle = 0 \qquad [13.4]$$

que es la expresión general del teorema del virial [22]. Los corchetes angulares indican la media en el tiempo.

---

[22] Debido al matemático prusiano Rudolf Clausius, en Astronomía es especialmente relevante en el estudio de la formación de estrellas pero es de aplicación general en el campo de la Termodinámica.

Si las fuerzas a las que está sometido cada cuerpo se deben únicamente a campos gravitatorios y teniendo en cuenta que la fórmula 3.34 puede escribirse como:

$$\boldsymbol{F}_k = - \, G \, m_k \sum_{i=1,\, i \neq k}^{n} m_i \, \frac{\boldsymbol{r}_k - \boldsymbol{r}_i}{\|\boldsymbol{r}_k - \boldsymbol{r}_i\|^3} \qquad\qquad [13.5]$$

el sumatorio dentro del segundo término [23] en la ecuación 13.4 resulta:

$$\sum_{k=1}^{n} \boldsymbol{F}_k \, \boldsymbol{r}_k = - \, G \sum_{k=1}^{n} \sum_{i=1,\, i \neq k}^{n} m_k \, m_i \, \frac{\boldsymbol{r}_k - \boldsymbol{r}_i}{\|\boldsymbol{r}_k - \boldsymbol{r}_i\|^3} \cdot \boldsymbol{r}_k \qquad [13.6]$$

$$= - \, G \sum_{k=1}^{n} \sum_{i=k+1}^{n} \frac{m_k \, m_i}{\|\boldsymbol{r}_k - \boldsymbol{r}_i\|} \qquad\qquad [13.7]$$

que es precisamente, como se desprende de las relaciones 1.18 y 1.19, el valor de la energía potencial total del sistema por lo que el teorema del virial en este caso puede expresarse de forma más compacta como:

$$\langle E_{cT} \rangle = - \, \frac{1}{2} \, \langle E_{pT} \rangle \qquad\qquad [13.8]$$

Formulación que es la que suele encontrarse en los textos sobre Astronomía.

[23] Cuyo promedio, según otros autores, es el que recibe el nombre de *virial* del sistema.

14 Movimientos de la Luna

Los movimientos de la Luna son de los más difíciles de describir del Sistema Solar. La cercanía con la Tierra y sus tamaños relativamente comparables hacen que el centro de masas del sistema se encuentre relativamente alejado del centro de esta, comportándose ambas como un planeta doble con una órbita lunar fuertemente perturbada, principalmente por el Sol.

De este modo, por ejemplo, la distancia entre la Tierra y la Luna varía realmente entre 356 400 y 406 700 km, diferencia superior a la que correspondería a una órbita elíptica con los valores de semieje mayor y excentricidad indicados en la tabla de la figura 14.1, que recoge los principales elementos de la órbita lunar sin perturbar.

Elemento	Símbolo	Valor
Excentricidad	e	0.0549
Inclinación	i	5º.1454
Periodo sidéreo	T_S	27^d.322
Semieje mayor	a	$3.844 \ 10^5 \ km$

Fig. 14.1

La Luna gira alrededor de la Tierra de oeste a este, en el mismo sentido que la Tierra gira alrededor del Sol. El movimiento aparente desde esta produce una variación cíclica de su aspecto caracterizada por su *fase*.

El periodo en el que se repiten las fases es el mes sinódico, de 29.531 días medios de duración, con la luna nueva en conjunción con el Sol y la luna llena en oposición.

Se conviene así en que la Luna se encuentra en fase de luna nueva, cuarto creciente, luna llena o cuarto menguante cuando la diferencia de su longitud eclíptica geocéntrica con la del Sol es de 0º, 90º, 180º o 270º respectivamente, aunque la luna nueva suele encontrarse algo al norte o al sur del Sol por la inclinación de la órbita respecto de la eclíptica.

El plano del ecuador de la Luna forma con el de su órbita un ángulo de 6º 40′ aproximadamente (también es variable) y de 1º 30′ con el de la eclíptica, que se encuentra así situada entre los dos anteriores. Los tres se cortan en una misma recta, hecho que se conoce como *ley de Cassini*.

Aunque la coincidencia entre el periodo orbital de la Luna (mes sidéreo) y el periodo de revolución alrededor de su eje hace que presente siempre la misma cara hacia la Tierra, en realidad desde esta es posible observar a lo largo del tiempo alrededor del 60% de la superficie lunar debido a las oscilaciones que presenta el satélite. Dichas oscilaciones se denominan *libraciones* y se distinguen cuatro tipos o causas, de las cuales las que tienen mayor efecto son las dos primeras:

❑ Libración en longitud, que se debe a que, aunque como se ha indicado arriba la Luna presenta rotación síncrona y su periodo de revolución coincide con el mes sidéreo, como se esquematiza en la figura 14.2 las velocidades angulares de rotación y traslación difieren cíclicamente a lo largo de la órbita al ser esta elíptica. La de rotación es constante y la de traslación, conforme a la segunda ley de Kepler, no.

El periodo de la libración en longitud es el mes anomalístico, de mayor duración que el sidéreo porque el perigeo de la órbita de la Luna se desplaza en el mismo sentido que ella.

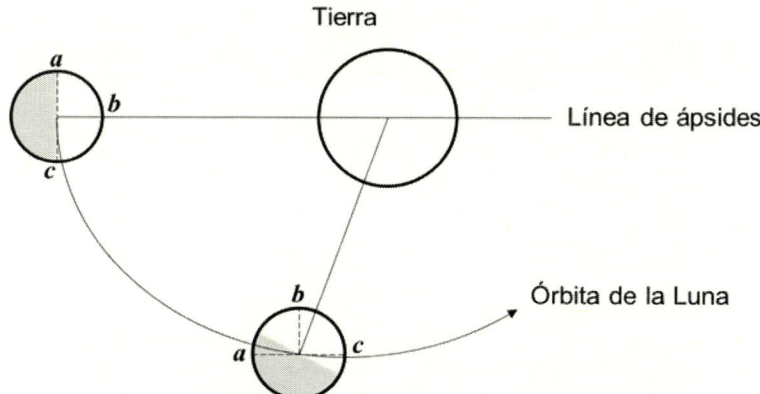

Fig. 14.2

❑ Libración en latitud, que se origina por el mantenimiento de la orientación del ángulo de inclinación del eje de rotación de la Luna respecto al plano de su órbita (ϑ) a lo largo de la misma, como se puede apreciar en la figura 14.3.

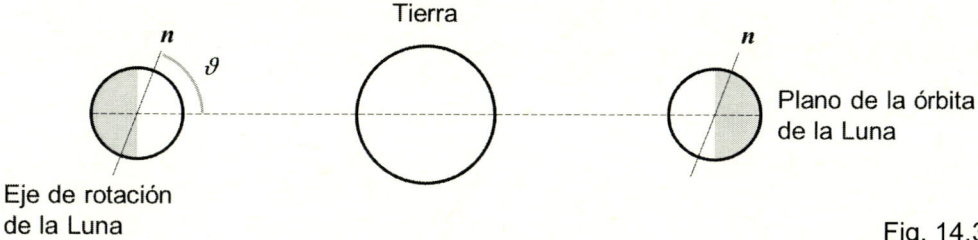

Fig. 14.3

El periodo de la libración en latitud es igual al mes dracónico, más corto que el sidéreo porque los nodos de la órbita se desplazan al encuentro del movimiento de la Luna.

□ Libración paraláctica. Debido a la paralaje, observadores situados en distintos puntos de la superficie terrestre observan zonas de la superficie lunar ligeramente diferentes.

□ Libración física, que es causada principalmente por el efecto de la gravedad terrestre sobre la orientación del eje de la órbita. Es una oscilación real en tanto que las libraciones en longitud, latitud y paralaje son libraciones aparentes, originadas por un efecto óptico, donde la Luna no experimenta oscilación alguna.

Fotografía del autor

Fig. 14.4

En la figura 14.4 puede apreciarse la diferencia en la superficie de la Luna vista desde el mismo punto de la Tierra en dos épocas diferentes debido al efecto de las libraciones en longitud y latitud (el efecto de la libración física no es apreciable a la escala de las fotografías y la libración por paralaje es prácticamente nula en este caso al estar tomadas aproximadamente a la misma hora, desde la misma ubicación y con las fases casi exactas).

15 Eclipses

Cuando en la línea de visión de un observador a un astro A con radio angular ρ_A se interpone otro cuerpo celeste B con radio angular ρ_B el evento se denomina ocultación si $\rho_B \gg \rho_A$, tránsito si $\rho_A \gg \rho_B$ o eclipse si ρ_A y ρ_B son comparables.

Como se aprecia en el esquema de la figura 15.1, en un eclipse la interposición del astro B produce dos conos de sección circular, cuyas generatrices son las tangentes interior (cono de penumbra) y exterior (cono de sombra) a las superficies de A y B, alineados con la recta que une los centros de ambos astros (eje de sombra).

Un observador situado en a apreciará un eclipse total de A por B, uno situado en b verá un eclipse parcial (será posible observar parte del disco de A pero no todo), para uno situado en c existirá un eclipse anular y para uno en d no existirá eclipse, dependiendo la distancia al vértice del cono de sombra de los radios de los dos astros (r_A, r_B) y de la distancia que los separa (R_{AB}).

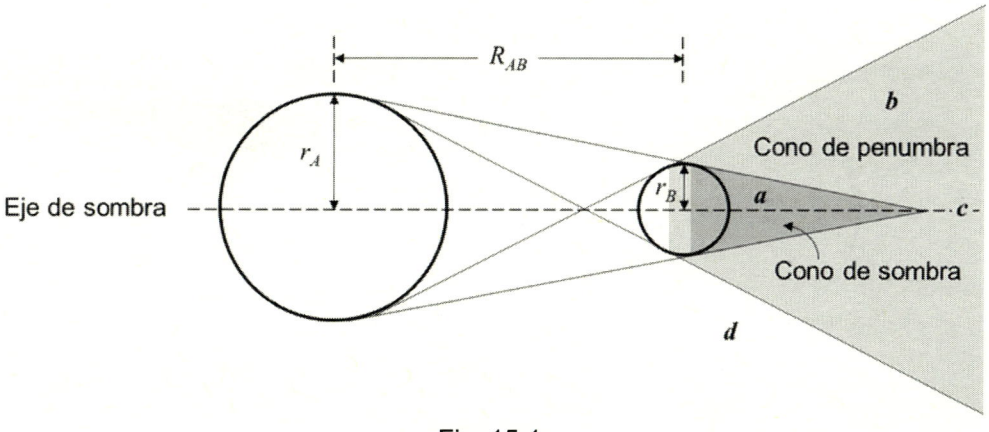

Fig. 15.1

La *magnitud* de un eclipse es el cociente entre el radio angular cubierto por el cuerpo eclipsante y el del cuerpo eclipsado, vistos desde el lugar de observación. En un eclipse total siempre será mayor o igual que la unidad.

La relación entre la superficie oscurecida del cuerpo eclipsado y su superficie total, proyectadas sobre el plano normal al observador, se denomina *oscurecimiento* del eclipse y se expresa habitualmente en porcentaje.

Dada la relación real entre las magnitudes r_A, r_B y R_{AB} en una escala astronómica, para que un observador pueda estar situado dentro de uno de los conos debe encontrarse en o muy cercano al eje de sombra. En el caso de los eclipses de Sol o de Luna (en realidad un eclipse de Sol por la Tierra visto desde la Luna) y puesto que la órbita de esta no es coplanaria con la eclíptica, para que exista eclipse es necesario que se encuentre en o muy cerca de alguno de sus nodos y que la línea de estos coincida al menos aproximadamente con el eje Tierra-Sol.

La figura 15.2 muestra la posición aproximada (por lo expuesto en el párrafo anterior puede asumirse que el coseno de la diferencia de longitudes eclípticas es cercano a la unidad) correspondiente al inicio de un eclipse de Sol, cuando la Tierra comienza a sumergirse en el cono de penumbra generado por la Luna, proyectada sobre el plano ortogonal al de la eclíptica que contiene el eje de sombra.

En el esquema, ρ_S, ρ_L y π_S, π_L son los semidiámetros geocéntricos y las paralajes horizontales del Sol y de la Luna respectivamente y β_L es el máximo del valor absoluto (existe una posición simétrica con la Luna desplazándose hacia el nodo ascendente Ω) de la latitud eclíptica geocéntrica para que pueda existir eclipse.

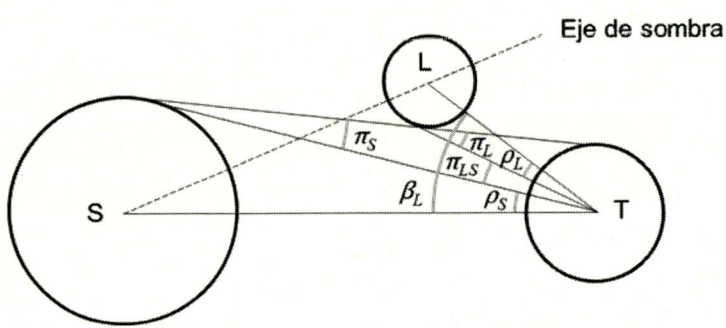

Fig. 15.2

Como puede apreciarse, β_L es la suma de los semidiámetros o radios angulares del Sol y de la Luna más el ángulo π_{LS}, que a su vez es la diferencia entre las paralajes horizontales de ambos, con signo positivo. Por tanto:

$$\beta_L = \rho_L + \rho_S + \pi_L - \pi_S \qquad [15.1]$$

La longitud eclíptica máxima $\Delta\lambda$ respecto del nodo en conjunción de su órbita (Ω, alineado con el Sol) a la que puede hallarse la Luna para que comience un eclipse se halla entonces resolviendo el triángulo esférico (supuesta su órbita circular) de la figura 15.3, donde i es la inclinación respecto a la eclíptica y ϑ es la distancia angular entre su centro y el nodo, aproximadamente igual a $\Delta\lambda$ ya que i es un ángulo pequeño.

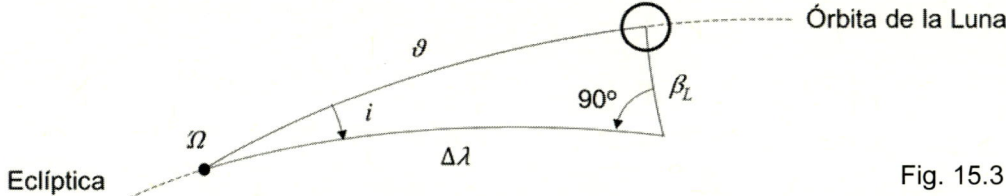

Fig. 15.3

Aplicando el teorema de la cotangente (ecuación 10.4) y teniendo en cuenta que los máximos de longitud son ortogonales al plano de la eclíptica obtenemos:

$$cos\ 90°cos\ \Delta\lambda\ =\ sen\ \Delta\lambda cot\ \beta_L - sen\ 90°\ cot\ i \qquad [15.2]$$

de donde se deduce directamente:

$$\Delta\lambda = arcsen\left(\frac{tan\ \beta_L}{tan\ i}\right) \qquad [15.3]$$

Los radios angulares y las paralajes del Sol y de la Luna y la inclinación de su órbita no son constantes. Tomando para ellos los valores medios se obtiene:

$$\beta_L \approx 1°\ 28'.4 \qquad \Delta\lambda \approx 16°\ 36'$$

Las distancias Sol-Luna-Tierra tampoco son constantes y por tanto la distancia al vértice del cono de sombra también depende de la época. En un eclipse puede ocurrir que la Tierra se encuentre a una distancia superior y no exista el de sombra, sólo el de penumbra o el anular. En ningún caso la Tierra pude sumergirse completamente en el cono de sombra proyectado por la Luna. Un eclipse total de Sol sólo puede ser visible en una franja de terreno de unos 200-270 km de anchura que es la proyección de una sombra circular que se desplaza sobre una superficie esférica que gira en el mismo sentido a menor velocidad.

La figura 15.4 recoge un esquema similar al de la figura 15.2 pero correspondiente al inicio de un eclipse parcial de Sol visto desde la Luna, cuando esta comienza a

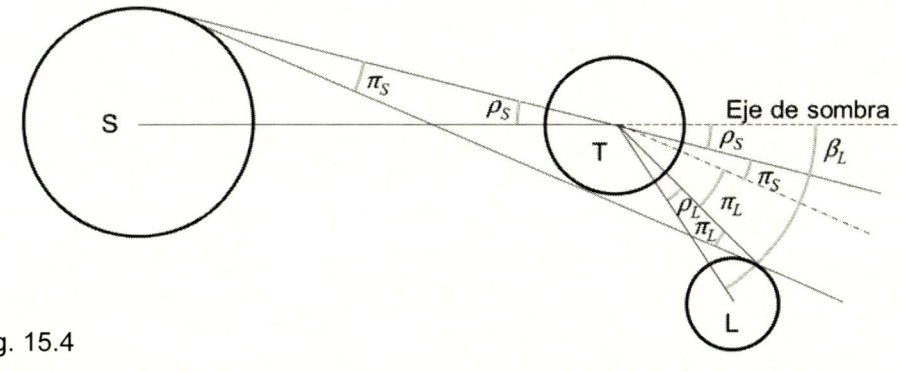

Fig. 15.4

sumergirse en el cono de penumbra ocasionado por la Tierra. Como se observa a simple vista en el gráfico, en este caso:

$$\beta_L = \rho_L + \rho_S + \pi_L + \pi_S \qquad\qquad [15.4]$$

resultando:

$$\beta_L \approx 1° \, 28'.8 \qquad \Delta\lambda \approx 16° \, 41'$$

Donde aquí $\Delta\lambda$ es la diferencia máxima de longitudes eclípticas entre el centro de la Luna y el nodo en oposición, correspondiente al plenilunio. Como puede apreciarse, las distancias angulares máximas para que exista eclipse son similares en los dos casos ya que las dimensiones de la Tierra y de la Luna y la distancia que las separa son muy pequeñas en comparación con la que las separa del Sol, con lo que los conos de sombra son muy alargados y casi cilindros.

La sucesión de eclipses de Sol y Luna forman una secuencia constante que se repite con el tiempo. En la posición relativa de los nodos lunares respecto a los centros de la Tierra y el Sol están involucrados tres ciclos:

❑ El año dracónico, equivalente a 346.62 días medios, que es el periodo orbital aparente del Sol respecto al mismo nodo de la órbita lunar.

❑ El mes dracónico, de 27.21 días medios de duración, que es el periodo orbital de la Luna respecto a uno de sus nodos.

❑ El mes sinódico, que consta de 29.53 días medios, que es el periodo que tarda la Luna entre dos fases iguales consecutivas.

Por tanto, al cabo de un tiempo que coincida con un número entero de cada uno de los ciclos la posición relativa de los tres astros es la misma. Ello ocurre de forma muy aproximada cada 18 años y 11.33 días, que son casi exactamente 19 años dracónicos, 242 meses dracónicos o 223 meses sinódicos.

El periodo anterior, conocido desde la antigüedad, se denomina *saros*. Durante cada *saros* ocurren 41 eclipses de Sol y 29 de Luna. Aunque los de Sol son pues más frecuentes se observan solo sobre una estrecha franja de la superficie terrestre en tanto que los de Luna son visibles en todo un hemisferio. La posibilidad de ver un eclipse desde una ubicación determinada es así mucho mayor para los de Luna que para los de Sol.

El cálculo exacto de efemérides de eclipses requiere operaciones relativamente extensas por la variabilidad de los parámetros involucrados, principalmente los correspondientes a la órbita de la Luna, y cae fuera del alcance del contenido de este capítulo de nivel meramente introductorio a la materia.

16 Coordenadas astronómicas en bases rectangulares

En una superficie esférica de radio unidad, la posición de un punto P de su superficie determinada por sus coordenadas esféricas ϕ y θ se expresa en función de un sistema de coordenadas rectangulares ortonormal dextrógiro ($\mathbf{X1}$, $\mathbf{X2}$, $\mathbf{X3}$) tal que:

$$\mathbf{X1} \times \mathbf{X2} = \mathbf{X3}; \ \mathbf{X2} \times \mathbf{X3} = \mathbf{X1}; \ \mathbf{X3} \times \mathbf{X2} = \mathbf{X1} \qquad [16.1]$$

$$\mathbf{R} = \mathbf{X1} \cdot x1 + \mathbf{X2} \cdot x2 + \mathbf{X3} \cdot x3 \qquad [16.2]$$

$$|\mathbf{R}|^2 = x1^2 + x2^2 + x3^2 = 1 \qquad [16.3]$$

y si la cuenta del ángulo ϕ se realiza desde la dirección del vector $\mathbf{X1}$ y la de θ desde la de $\mathbf{X3}$, mediante las relaciones:

$$x1 = sen\,\theta\,cos\,\phi \qquad [16.4]$$

$$x2 = sen\,\theta\,sen\,\phi \qquad [16.5]$$

$$x3 = cos\,\theta \qquad [16.6]$$

Las ecuaciones 16.4 a 16.6 resultan, para el caso de coordenadas horizontales:

$$z1 = cos\,h\,sen\,A \qquad [16.7]$$

$$z2 = cos\,h\,cos\,A \qquad [16.8]$$

$$z3 = sen\,h \qquad [16.9]$$

Para las ecuatoriales horarias:

$$h1 = cos\,\delta\,sen\,H \qquad [16.10]$$

$$h2 = cos\,\delta\,cos\,H \qquad [16.11]$$

$$h3 = sen\,\delta \qquad [16.12]$$

Para las ecuatoriales absolutas:

$$a1 = cos\,\delta\,cos\,\alpha \qquad [16.13]$$

$$a2 = cos\,\delta\,sen\,\alpha \qquad [16.14]$$

$$a3 = sen\,\delta \qquad [16.15]$$

Y para las eclípticas:

$$e1 = cos\,\beta\,cos\,\lambda \qquad [16.16]$$

$$e2 = cos\,\beta\,sen\,\lambda \qquad [16.17]$$

$$e3 = sen\,\beta \qquad [16.18]$$

17 Sistema de referencia de Bessel

Bessel introdujo en 1824 un sistema de referencia para facilitar el cálculo de efemérides de eclipses, ideado originalmente para los de Sol aunque su aplicación es general.

Sea un sistema ortonormal dextrógiro (**B1**, **B2**, **B3**), con origen en el centro de la Tierra, donde **B3**, que define el eje de referencia, es el vector unitario en la dirección del eje de sombra hacia el Sol, **B2** es el vector unitario en la dirección norte y **B1** es el contenido en el plano del ecuador tal que **B1** x **B2** = **B3**.

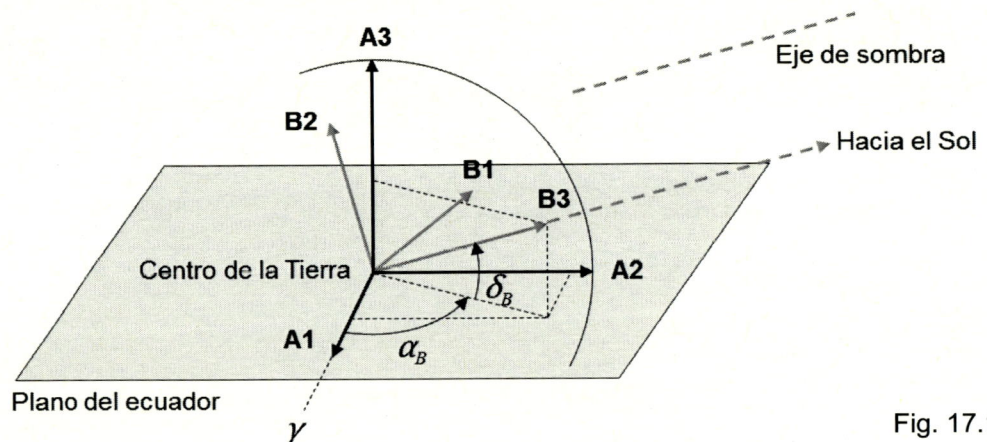

Fig. 17.1

Si (α_B, δ_B) son las coordenadas ecuatoriales absolutas de **B3**, como se recoge en el dibujo de la figura 17.1, la relación entre las bases de vectores unitarios del sistema de Bessel y las del sistema ecuatorial resulta entonces:

$$\textbf{B1} = - \textbf{A1} \cdot sen\ \alpha_B + \textbf{A2} \cdot cos\ \alpha_B \qquad\qquad [17.1]$$

$$\textbf{B2} = - \textbf{A1} \cdot cos\ \alpha_B\ sen\ \delta_B - \textbf{A2} \cdot sen\ \alpha_B\ sen\ \delta_B + \textbf{A3} \cdot cos\ \delta_B \qquad\qquad [17.2]$$

$$\textbf{B3} = \quad \textbf{A1} \cdot cos\ \alpha_B\ cos\ \delta_B + \textbf{A2} \cdot sen\ \alpha_B\ cos\ \delta_B + \textbf{A3} \cdot sen\ \delta_B \qquad\qquad [17.3]$$

$$\textbf{A1} = - \textbf{B1} \cdot sen\ \alpha_B - \textbf{B2} \cdot cos\ \alpha_B\ sen\ \delta_B + \textbf{B3} \cdot cos\ \alpha_B\ cos\ \delta_B \qquad\qquad [17.4]$$

$$\textbf{A2} = \quad \textbf{B1} \cdot cos\ \alpha_B - \textbf{B2} \cdot sen\ \alpha_B\ sen\ \delta_B + \textbf{B3} \cdot sen\ \alpha_B\ cos\ \delta_B \qquad\qquad [17.5]$$

$$\textbf{A3} = \quad \textbf{B2} \cdot cos\ \delta_B + \textbf{B3} \cdot sen\ \delta_B \qquad\qquad [17.6]$$

La elección de este sistema de coordenadas rectangulares supone que el plano fundamental de referencia del mismo es el plano normal al eje de sombra que pasa por el centro de la Tierra. Sobre este plano, al no contemplarse la forma de la superficie de esta, la sombra arrojada por el cono de sombra (o de penumbra) es siempre circular, con lo que su diámetro y posición son relativamente fáciles de describir en el sistema de Bessel al estar contenida además dicha sombra en el mismo plano que los vectores unitarios **B1** y **B2**.

Para referir la situación del eclipse al plano correspondiente a la posición de un observador, desde la sombra o penumbra arrojada sobre el plano de referencia ha de proyectarse entonces esta sobre la superficie terrestre teniendo en cuenta las coordenadas geográficas del lugar de observación (longitud λ, latitud φ y altitud ξ), la velocidad de rotación de la Tierra y la forma del elipsoide, como se muestra en el esquema de la figura 17.2.

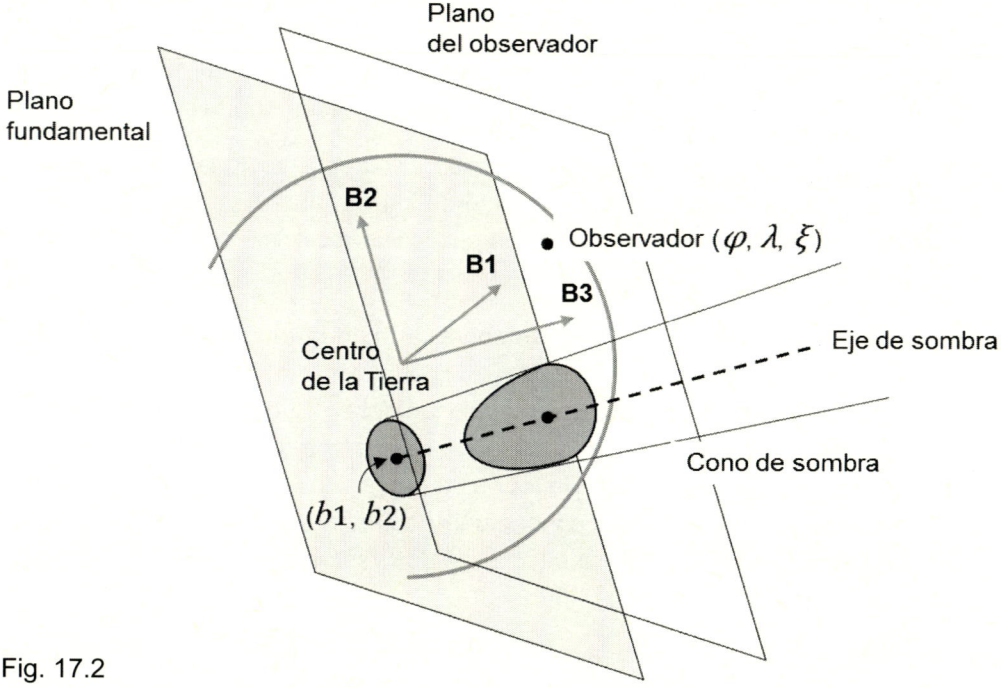

Fig. 17.2

El cálculo de efemérides de eclipses mediante el método de Bessel requiere la determinación de una serie de parámetros llamados *elementos besselianos*, que son:

❏ Las coordenadas besselianas $b1$ y $b2$ del eje de sombra sobre el plano de referencia (habitualmente nombradas también como x e y y expresadas utilizando el radio de la Tierra como unidad).

- Los radios de las zonas de penumbra y de sombra ($l1$ y $l2$ respectivamente en su nomenclatura más común).

- La declinación del eje de sombra (que suele encontrarse como d. Como δ_B en la figura 17.1)

- El horario del eje de sombra (denominado por la mayoría de los autores m o μ).

- Los ángulos $f1$ y $f2$ que forman, respectivamente, las generatrices de los conos de penumbra y de sombra con el eje de sombra (como elementos besselianos muchas veces se suelen considerar realmente sus tangentes).

Ha de advertirse que es muy frecuente encontrar textos donde el vector unitario **B1** está definido en la dirección original este, con lo que la base de vectores del sistema de Bessel no resulta dextrógira. También es posible encontrar algunas obras (las menos) donde, para mantener este carácter pero concordando con la orientación tradicional del vector **B1**, el vector **B2** está definido en dirección sur. Por lo que los signos de las coordenadas del eje de sombra pueden variar según los autores.

En tiempos de Bessel sencillamente no existía el álgebra vectorial. Tal y como la conocemos ahora no se estableció y adoptó definitivamente hasta bien entrado el siglo XX, en fecha bastante posterior a las publicaciones originales de Heaviside y Gibbs.

En realidad, en la mayoría de las obras sobre la materia, que suelen alimentarse directamente unas de otras, los cálculos implicados en el método de Bessel que contienen no provienen de su trabajo original sino del de Chauvenet, quien escribió en el último cuarto del siglo XIX. En aquella época la teoría todavía imperante sobre el cálculo vectorial estaba referida a la teoría de *cuaterniones* de Hamilton, bastante compleja desde el punto de vista conceptual y actualmente descartada, donde lo que sería el equivalente al producto escalar de dos vectores tenía el signo contrario al producto escalar que utilizamos hoy.

Los elementos besselianos se pueden encontrar precalculados y tabulados en los almanaques especializados, usualmente indicando el criterio de orientación de los vectores **B1** y **B2** utilizado.

18 Estrellas dobles

La mayoría de las que apreciamos en el firmamento a simple vista no son en realidad estrellas aisladas sino grupos de dos o más, conocidos como *sistemas estelares múltiples*, en los que se aprecian separadas por distancias angulares muy pequeñas. En función del número del que consta la agrupación se habla así de estrellas *dobles*, *múltiples* o, si superan la decena, de *cúmulos* [24].

Las estrellas dobles [25] reciben el nombre de *binarias* o *físicas* si sus integrantes se encuentran cercanas y sometidas a atracción gravitatoria mutua apreciable y el de *ópticas* en caso contrario, cuando tienen coordenadas astronómicas muy similares pero se encuentran muy lejanas una de otra realmente. Si la distancia que las separa es del orden de 1 *ua* o menor se suele emplear el término inglés *close binaries*.

Una estrella binaria se clasifica como *visual* cuando cada una de las que la forman puede apreciarse de forma individual mediante el uso de telescopios. Cuando una de sus componentes no es observable al ojo humano, y atendiendo al método empleado para su detección, una estrella binaria se tipifica como:

❏ *Astrométrica*, cuando la presencia de una compañera se infiere del movimiento propio de la estrella visible que, al describir una órbita en torno a la otra, cambia de posición siguiendo una trayectoria elíptica respecto al fondo de estrellas fijas.

❏ *Fotométrica*, cuando la estrella invisible pasa en su órbita interceptando la línea de visión a la visible y produciendo una disminución [26] de la cantidad de luz que percibe el observador durante el tránsito. La variación de esta cantidad de luz detectada [27] a lo largo del tiempo se denomina *curva de luz*.

❏ *Espectroscópica*, cuando la estrella visible presenta desplazamientos periódicos en su espectro de emisión debido al efecto Doppler al acercarse y alejarse del

[24] Aunque en realidad sería más propio especificar *cúmulos cerrados* ya que los *cúmulos abiertos* pueden presentar separaciones angulares entre astros no tan pequeñas.

[25] Podría hablarse aquí de estrellas múltiples en general pero la imposibilidad de resolver el problema de los n cuerpos para $n > 2$ hace que sea frecuente restringir el estudio al caso de estrellas dobles y, si el número es mayor, asociarlas por parejas si es posible.

[26] Cuando no se disponía de detectores tan sensibles como los actuales esta disminución solo era evidente si era relativamente intensa por lo que en textos no muy recientes suele encontrarse este tipo de estrellas binarias referidas como *eclipsantes*.

[27] Propiamente hablando en términos astronómicos, la de su *magnitud aparente*. El estudio de las magnitudes estelares corresponde al tercer volumen de esta serie.

observador en su órbita alrededor de la compañera si esta órbita no discurre en un plano perpendicular a la línea de visión. La velocidad radial de una de las dos estrellas, obtenida a partir de este efecto, en función del tiempo se conoce como *curva de velocidad*.

Entendiéndose que las categorías anteriores no son excluyentes ya que una binaria puede detectarse mediante más de un método.

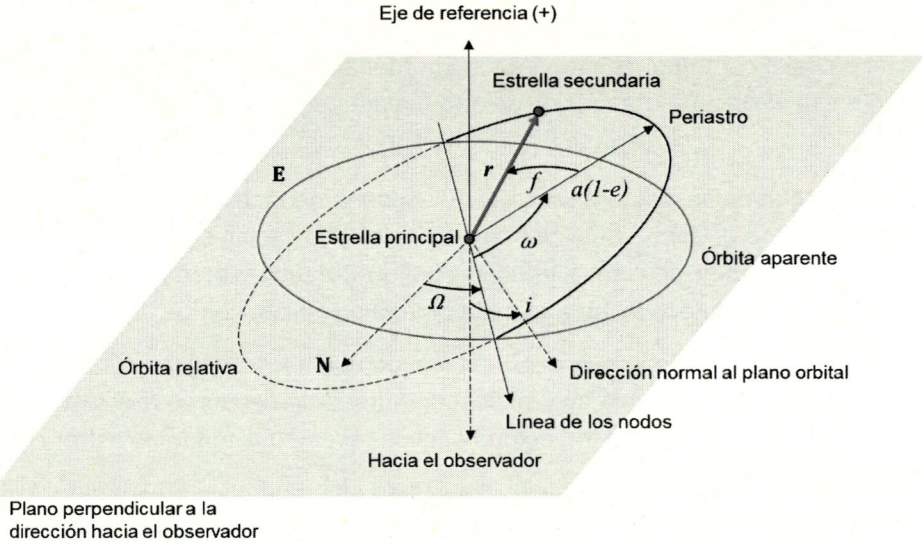

Fig. 18.1

La órbita relativa de la estrella secundaria en torno a la principal (usualmente la de mayor brillo) queda determinada por una serie de elementos orbitales similares a los descritos en el apartado 3.4, como se ilustra en la figura 18.1, pero con las siguientes particularidades [28]:

□   El eje de referencia es la recta que pasa por las posiciones de la estrella principal y del observador.

□   El plano fundamental de referencia es el perpendicular al eje de referencia que contiene la proyección de la órbita relativa de la estrella secundaria.

□   El semicírculo secundario de referencia está en la dirección norte.

[28]   Aunque aquí pueden encontrarse también en la literatura algunas variantes acerca de los parámetros que se consideran elementos orbitales dependiendo del autor.

- ❏ La inclinación de la órbita se define como el ángulo formado por las direcciones al observador y la normal al plano orbital para movimiento directo o su suplementario para movimiento retrógrado.

- ❏ Al desconocerse con carácter general el equivalente a la constante de Kepler correspondiente son necesarios 7 elementos orbitales en lugar de 6, incluyendo tanto el semieje mayor como el periodo de la órbita.

El estudio de las estrellas binarias remite así al cálculo de los elementos de su órbita relativa a partir de las medidas obtenidas mediante cualquiera de los métodos descritos antes [29].

Cálculo que puede realizarse o bien directamente a partir de estas medidas o bien a partir de los parámetros obtenidos primero para la órbita aparente, una proyección cilíndrica [30] de la relativa sobre el plano perpendicular a la línea de visión desde la Tierra y que resulta por tanto igualmente una elipse.

La obtención de los elementos orbitales de una binaria es relevante porque, por ejemplo, el único método para determinar su masa a partir de observaciones directas es mediante la relación:

$$m_1 + m_2 = \frac{4\,\pi^2}{G}\,\frac{a^3}{T^2} \qquad\qquad [18.1]$$

que se obtiene de la tercera ley de Kepler y de la expresión del valor de su constante (ecuaciones 1.1 y 1.2), y que exige conocer el periodo T y el semieje mayor a de su órbita relativa.

El periodo orbital puede medirse directamente para cualquiera de los tipos (visuales, astrométricas, fotométricas o espectrométricas) siempre que su valor sea compatible con la escala de tiempos de la observación humana hasta la fecha, lo que en muchas ocasiones no ocurre porque puede ser de miles de años.

El semieje mayor de la órbita relativa, sin embargo, no puede medirse de forma directa pero el de la aparente puede obtenerse sin dificultad a partir de la distancia angular entre su apoastro y su periastro.

[29] Existen numerosos métodos para la resolución de este problema matemático (el más famoso es quizá el de Kowalsky) pero su descripción siquiera superficial escaparía con mucho del alcance pretendido para esta breve introducción a la materia.

[30] En realidad es cónica pero dada la enorme relación entre la distancia de la Tierra a la binaria y el semieje mayor de su órbita puede asumirse cilíndrica a todos los efectos.

La figura 18.2 muestra un esquema donde α es ese ángulo, π es la paralaje de la estrella [31] y d es la distancia que la separa de la Tierra.

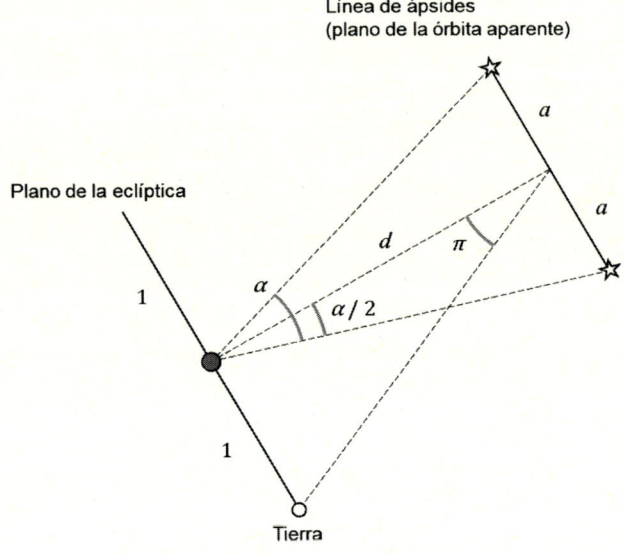

Fig. 18.2

De la geometría de la posición e indicando a y d en ua se tienen directamente las relaciones:

$$tan\,\pi = \frac{1}{d} \qquad\qquad [18.2]$$

$$tan\,\alpha = \frac{a\,/\,2}{d} \qquad\qquad [18.3]$$

Y teniendo en cuenta que tanto α como π son ángulos muy pequeños que pueden aproximarse por sus tangentes, eliminando la variable d entre las dos resulta:

$$a \simeq \frac{1}{2}\frac{\alpha}{\pi} \qquad\qquad [18.4]$$

[31] Como puede observarse, en realidad sería la paralaje que correspondiera al centro de la órbita pero la diferencia es insignificante dado que la distancia a la que está es infinitamente superior a la dimensión de su semieje mayor.

donde el semieje mayor de la órbita aparente viene expresado en ua [(32)].

Saber el valor de las masas individuales m_1 y m_2 de las componentes de la binaria es más complejo y sólo se ha podido conseguir en un número reducido de ocasiones porque implica conocer la posición relativa del centro de masas del sistema (esto es, los elementos orbitales de la órbita absoluta de cada una de las componentes alrededor de él) para poder utilizar las relaciones 2.16 y 2.17.

[(32)] Los ángulos α y π son tan pequeños que en muchos textos la relación 18.4 se indica como una igualdad.

Definiciones

Acimut

O azimut. Ángulo medido sobre el horizonte desde el semicírculo secundario de referencia hasta el vertical del astro, con el sentido de cuenta (horario o antihorario) correspondiente al tipo de acimut.

(Dado que la esfera celeste es en realidad un espacio tridimensional de direcciones, la definición de arcos en la misma mediante ángulos diedros es más elegante y precisa pero no es estrictamente aplicable a coordenadas ascendentes, cuyo valor puede superar los 180º, ya que un ángulo diedro no puede ser mayor que uno llano).

Altitud

Distancia de un punto al punto de la superficie del geoide con sus mismas longitud y latitud geográficas.

(Como en la práctica resulta complicado referirse al nivel del mar teórico que correspondería a un punto de la superficie donde no hay mar, comúnmente la altitud se define respecto al nivel del mismo en un punto fijo determinado).

Altura (Astronomía)

Ángulo mínimo que forma la visual a un astro con el plano del horizonte, con signo positivo. Si el astro está en el hemisferio invisible tiene signo negativo y se llama *depresión*.

Altura (Geodesia)

Distancia de un punto al punto de la superficie terrestre con sus mismas longitud y latitud geográficas.

Ángulo conjugado

respecto de otro es el que, sumado a cste, mide 360º.

(Formalmente, en la definición indicada no es necesario que ambos ángulos sean adyacentes).

Ángulo de fase

Ángulo que desde el centro de un astro observado forman las direcciones a un punto de referencia y al observador.

(En el caso de observaciones en el Sistema Solar desde la Tierra el punto de referencia es el centro del Sol y el ángulo así definido es topocéntrico. Considerando la dirección desde el centro del astro al centro de la Tierra se define el ángulo de fase geocéntrico).

Anomalía excéntrica

En una órbita elíptica, ángulo que forman las direcciones del centro al periapsis y del centro a la proyección ortogonal de la posición del cuerpo que orbita sobre una trayectoria circular concéntrica de radio igual al semieje mayor de la elipse.

(La definición no es aplicable a la anomalía excéntrica hiperbólica).

Anomalía media

En una trayectoria elíptica, ángulo que formarían las direcciones del centro al periapsis y del centro a la posición de un cuerpo ficticio que se moviera en una órbita circular concéntrica a velocidad constante con el mismo periodo orbital y paso simultáneo por el periapsis.

(La definición no es aplicable a la anomalía media parabólica).

Anomalía verdadera

Ángulo que forman las direcciones hacia un punto de la trayectoria y hacia el periapsis desde el foco más cercano a éste de una cónica.

Año dracónico

O draconítico o de eclipse. Periodo de tiempo transcurrido entre dos pasos consecutivos del centro del sol verdadero por el mismo nodo de la órbita lunar.

Año sidéreo

O sideral. Periodo de tiempo que transcurre entre dos pasos consecutivos del centro del sol verdadero por el equinoccio vernal γ_o correspondiente a una época fija.

Año trópico

O solar o tropical. Periodo de tiempo transcurrido entre dos pasos consecutivos del Sol por el equinoccio vernal medio γ_m.

Apoastro

O apoapsis o apoápside. Punto de la órbita de un cuerpo más lejano al astro en torno al que orbita.

(Referido a un cuerpo orbitando la Tierra se denomina apogeo. Referido a uno orbitando el Sol, afelio. Formalmente el concepto sólo es aplicable a órbitas cerradas).

Ápsides

Puntos extremos de la órbita que describe un cuerpo respecto a otro.

Ascensión recta

Ángulo medido sobre el ecuador desde el punto vernal hasta la intersección con el máximo de ascensión del astro, contado en el sentido del movimiento de la Tierra.

Astrofísica

Rama de la Física que estudia la estructura, propiedades y evolución del espacio y los cuerpos celestes.

Astrometría

Rama de la Astronomía que estudia la posición de los astros, sus coordenadas celestes, sus variaciones en el tiempo y el movimiento propio de las estrellas.

(Algunos autores consideran sinónimos los términos Astrometría y Astronomía de posición mientras que otras fuentes reservan para este último la definición dada y consideran que la Astrometría es la parte experimental).

Baricentro

En Física, centro de gravedad de un sistema de masas.

(Bajo ciertas condiciones de uniformidad, el baricentro de un sistema coincide con su centro de masas. Aunque no son exactamente el mismo concepto, en Astronomía es frecuente la utilización de ambos términos como sinónimos. En Geometría, baricentro es el punto donde se cortan las medianas de un triángulo).

Conjunción

Posición de un planeta exterior en su órbita cuando se encuentra a una longitud eclíptica heliocéntrica opuesta a la de la Tierra.

(La definición es idéntica a la de conjunción superior para un planeta interior pero no suele especificarse "superior" para planetas exteriores).

Conjunción (planetaria)

Situación en la que dos cuerpos presentan la misma coordenada ascendente respecto de un sistema de referencia absoluto con centro en un tercero.

(A pesar del nombre, el concepto no guarda relación con la conjunción de un planeta exterior visto desde la Tierra descrita antes).

(La especificación del término "planetaria" proviene de la utilización habitual de la Tierra como centro del sistema de referencia aunque la definición dada aquí es general).

Conjunción inferior

Posición de un planeta interior en su órbita cuando se encuentra a la misma longitud eclíptica heliocéntrica que la Tierra.

Conjunción superior

Posición de un planeta interior en su órbita cuando se encuentra a una longitud eclíptica heliocéntrica opuesta a la de la Tierra.

Cuadratura

Posición de un cuerpo en órbita exterior a la de un observador cuando desde este presenta una elongación de 90°.

(El término se aplica también a la posición de la Luna vista desde la Tierra cuando está en sus cuartos creciente o menguante).

Culminación

Paso de un astro por el semiplano que contiene el meridiano superior del lugar (culminación superior) o el inferior (culminación inferior).

Declinación	Ángulo mínimo que forma la dirección a un astro con el plano del ecuador celeste, con signo positivo si está en el hemisferio norte y negativo si está en el sur.
Día (solar) medio	Periodo de tiempo entre dos culminaciones sucesivas del sol medio en un mismo meridiano.
Eclipse	Oscurecimiento de un astro por interposición de otro cuerpo celeste.
Eclíptica	Círculo máximo de la esfera celeste contenido en el mismo plano que la órbita aparente media del Sol vista desde la Tierra.
Ecuador (terrestre)	Círculo máximo de la esfera terrestre perpendicular a la línea de los polos.
Ecuador (celeste)	Círculo máximo de la esfera celeste contenido en el mismo plano que el ecuador terrestre. *(Al igual que con la eclíptica o con el meridiano es común identificar el término tanto con el círculo o semicírculo máximo correspondiente como con el plano o semiplano que lo contiene).*
Efeméride	En Astronomía, posición de un cuerpo celeste en una época determinada.
Elongación	Ángulo que forman desde la posición de un observador las direcciones a un punto de referencia y a un cuerpo observado. *(En el caso de observaciones en el Sistema Solar desde la Tierra, el punto de referencia es el centro del Sol).*
Época	En Astronomía, momento determinado en el tiempo.
Equinoccio	Punto de la eclíptica en el que el Sol pasa de tener declinación negativa a positiva (equinoccio de primavera, vernal o primer punto de Aries) o de tener declinación positiva a negativa (equinoccio de otoño o primer punto de Libra). *(Comúnmente también se denomina así el momento del año en el que ocurre).*
Fase	Porción del área iluminada respecto de la total que presenta la imagen de un astro sobre el plano del observador.

Geoide

Modelo matemático de la superficie terrestre donde todos los puntos de esta tienen idéntico potencial gravitatorio.

Horario

O ángulo horario. Ángulo medido sobre el ecuador desde el semiplano que contiene el meridiano superior del lugar hasta el semicírculo horario que pasa por la dirección al astro (círculo horario), contado en sentido W-N-E-S.

Lagrangiano

Operador escalar igual a la diferencia entre la energía cinética y la energía potencial (considerada positiva) de un sistema.

Latitud (astronómica)

Ángulo mínimo, con signo, que forma con el plano del ecuador la dirección de la fuerza de gravedad (línea de plomada) en ese punto.

Latitud (geográfica)

Arco de meridiano, con signo, entre el ecuador y ese punto.

Libración

Movimiento oscilatorio que un cuerpo perturbado en su equilibrio efectúa hasta recuperarlo.

(En Astronomía el término suele restringirse a los movimientos oscilatorios, reales o aparentes, de la Luna).

Limbo

Borde del disco visible de un astro.

Línea de ápsides

Línea recta que une el apoastro con el periastro. En una órbita elíptica coincide con el eje mayor de la elipse.

Formalmente la definición sólo es aplicable por tanto a órbitas cerradas aunque es posible encontrar el término extendido a órbitas parabólicas o hiperbólicas identificándolo con el eje de la cónica.

Longitud

Arco de círculo máximo de la esfera celeste contenido en el plano fundamental de referencia contado desde el semicírculo secundario de referencia hasta el semicírculo secundario correspondiente a la posición.

Longitud (geográfica)

Ángulo diedro formado por los semiplanos que contienen el meridiano superior de Greenwich y el meridiano superior de la posición, con signo positivo hacia el Este.

Magnitud

En Astronomía, medida, en escala logarítmica, del flujo de radiación recibido de un astro.

(Se denomina aparente si corresponde al flujo tal cual se recibe en la superficie de la Tierra).

Mecánica Celeste

Rama de la Astronomía que estudia los movimientos de los cuerpos celestes debidos a los campos gravitatorios.

Meridiano (celeste)

Círculo máximo de la esfera celeste contenido en el plano meridiano.

(Al igual que en el caso del meridiano geográfico, muchos autores lo definen como semicírculo de polo a polo).

Meridiano (geográfico)

Círculo máximo de la esfera terrestre perpendicular al plano del ecuador.

(Suele encontrarse también definido como semicírculo de la esfera terrestre que va de polo a polo y es común identificarlo, si no se especifica lo contrario, con el meridiano superior del lugar. La definición dada aquí permite precisamente diferenciar entre meridiano del lugar y meridiano superior del mismo).

Meridiano inferior

Del lugar. Semicírculo máximo de la esfera terrestre (por proyección, también de la celeste) que va de polo a polo pasando por la dirección al nadir del observador.

Meridiano superior

Del lugar. Semicírculo máximo de la esfera terrestre (por proyección, también de la celeste) que va de polo a polo pasando por la dirección al cénit del observador.

Mes anomalístico

Intervalo promedio de tiempo entre dos pasos sucesivos de la Luna por el perigeo de su órbita.

Mes dracónico

O draconítico o nódico. Intervalo promedio de tiempo entre dos pasos sucesivos de la Luna por uno de los nodos de su órbita.

Mes sidéreo

Intervalo promedio de tiempo entre dos culminaciones sucesivas de una estrella fija en la esfera celeste, desde la Luna.

Mes sinódico

Intervalo promedio de tiempo entre dos fases iguales consecutivas de la Luna.

Mes trópico

O tropical. Intervalo promedio de tiempo entre dos pasos sucesivos de la Luna por el punto de longitud eclíptica geocéntrica cero.

Nodo   Punto en el que la órbita de un cuerpo corta un plano de referencia.

Ocultación   Intercepción de la línea de visión a un astro por otro de radio angular mucho mayor.

Oposición   Posición de un planeta exterior en su órbita cuando se encuentra a la misma longitud eclíptica heliocéntrica que la Tierra.

Oposición (planetaria)   Situación en la que dos astros presentan una diferencia de 180º en su coordenada ascendente respecto de un sistema de referencia absoluto con centro en un tercero.

(A pesar del nombre, el concepto no guarda relación con la oposición de un planeta exterior visto desde la Tierra descrita antes).

Órbita   Trayectoria seguida por un cuerpo que está sometido a la atracción gravitatoria de otro.

(Recogemos aquí la acepción más general aunque también es posible encontrar la definición restringida al caso de trayectorias cerradas).

Paralaje   Ángulo determinado por las direcciones de dos líneas visuales desde dos puntos distintos hacia un mismo objeto.

(Referida a una observación astronómica también se denomina desplazamiento paraláctico).

Periastro   O periapsis o periápside. Punto de la órbita de un cuerpo más cercano al astro en torno al que orbita.

(Referido a un cuerpo orbitando la Tierra: perigeo. Referido a un cuerpo orbitando el Sol: perihelio).

Periodo sinódico   Tiempo transcurrido entre dos conjunciones planetarias.

Perturbación   En Mecánica Celeste, modificación que experimenta la órbita de un cuerpo debido a otros factores distintos de la atracción gravitatoria del cuerpo primario.

(Puede encontrarse también la acepción limitada al efecto de otros campos gravitatorios aunque, en opinión del autor, no es exacto).

Precesión   En Astronomía, variación lenta de un parámetro de la órbita de un cuerpo.

(Es frecuente encontrar el término restringido, si no se especifica, a la variación debida al giro del ángulo que forma el eje de rotación de un astro respecto al plano de su órbita).

Punto sublunar	Punto de la superficie de la Tierra en el cual la Luna se encuentra situada en el cénit.
	(Es el punto de la Tierra más cercano a la Luna en ese instante).
Punto subsolar	Punto de la superficie de un planeta en el cual el Sol se encuentra situado en el cénit.
	(Es el punto del planeta más cercano al Sol en ese instante).
Punto subterrestre	Punto de la superficie de un planeta en el cual la Tierra se encuentra situada en el cénit.
	(Es el punto del planeta más cercano a la Tierra en ese instante).
Punto vernal	O punto Aries. Intersección del ecuador con la eclíptica en la que el Sol pasa de tener declinación negativa a positiva.
Refracción	Cambio en la dirección y velocidad que experimenta un rayo de luz al pasar de un medio a otro con distinto índice de refracción.
Semidiámetro	O radio angular. Ángulo con el que se aprecia el radio de un cuerpo celeste transversal a la línea de visión a su limbo.
Semilado recto	O *semilatus rectum*. Longitud del segmento paralelo a la directriz de una cónica que va del foco al punto de la curva.
	En Astronomía es común denominarlo también parámetro orbital y representarlo por la letra p.
Sol (eclíptico) medio	Sol imaginario que se mueve uniformemente por la eclíptica a la velocidad media del sol verdadero.
Solsticio	Punto de la eclíptica en el que el Sol alcanza su declinación máxima (solsticio de verano o vernal) o mínima (solsticio de invierno o hiernal).
	(Comúnmente también se denomina así el momento del año en el que ocurre).
Terminador	Línea que separa la parte iluminada de la parte oscura de un planeta o satélite dentro del hemisferio visible.
Tiempo civil	Escala de tiempo basada en el movimiento aparente del sol medio.

(Es lo mismo que el tiempo solar medio pero adelantado 12h ya que el día civil comienza a medianoche y no a mediodía).

Tiempo sidéreo

Escala de tiempo basada en la rotación de la Tierra respecto a un punto fijo de la esfera celeste. Referido al día, su valor es el ángulo horario del punto vernal γ indicado en horas.

Tiempo sidéreo local

Horario local del punto vernal γ.

(Se denomina tiempo sidéreo local medio si el punto vernal es el equinoccio medio o tiempo sidéreo local aparente si es el de la fecha).

Tiempo solar medio

Escala de tiempo basada en el movimiento aparente del sol medio. Referido al día, su valor es el ángulo horario de éste, expresado en horas.

Tiempo universal

Tiempo civil del meridiano de Greenwich.

Tránsito

Paso de un astro por la línea de visión a otro astro de radio angular mucho mayor.

Unidad astronómica

Unidad de longitud igual a 149 597 870 700 metros.

(1 ua ≈ distancia media Sol-Tierra).

Bibliografía

1. Abad, A., Docobo, J.A. y Elipe, A.: *Curso de Astronomía*, capítulos 3, 4, 8 y 9 (Prensas de la Universidad de Zaragoza, 2ª ed. 2017).

2. Bakulin, P.I., Kononovich, E.V. y Moroz, V.I.: *Curso de Astronomía General*, capítulos 2 y 5 (Editorial Mir, 1987).

3. De Orús, J.J., Catalá, M.A. y Núñez de Murga, J.: *Astronomía esférica y mecánica celeste*, capítulos 3, 5, 6, 7, 8, 9 y 10 (Publicacions i Edicions Universitat de Barcelona, 2007).

4. Galadí-Enríquez, D. y Gutiérrez, J.: *De la Tierra al universo. Astronomía general teórica y práctica*, parte IV, capítulos 11 y 15, apartado 15.1 y parte V, apartado 34.1 (Editorial Akal, 2ª ed. 2022).

5. Instituto Geográfico Nacional: *Anuario del Real Observatorio de Madrid*, eclipses (Ministerio de Fomento, publicación anual).

6. Karttunen, H., Kröger, P., Oja, H., Poutanen, M. y Donner, K.J.: *Fundamental Astronomy*, capítulos 6 y 7, apartados 7.3 a 7.5 (Springer Science & Business Media, 2007).

7. Martínez, E. y Williart, A.: *Astronomía y Astrofísica. Problemas resueltos*, parte I, temas 2 y 3 (Universidad Nacional de Educación a Distancia, 2013).

8. Moraño, J. A.: *El tiempo de vuelo en órbitas parabólicas*, entero (Universitat Politècnica de València).

9. Newton, I.: *Principios matemáticos de la Filosofía Natural*, axiomas y libro primero (Alianza Editorial, 2ª ed. 2022).

10. Ortega, R. y Ureña, A.J.: *Introducción a la Mecánica Celeste*, entero (Universidad de Granada, 2010, versión corregida 2021).

11. Pollard, H.: *Celestial Mechanics*, capítulos 1 y 2 (The Mathematical Association of America, 1976).

12. Real Instituto y Observatorio de la Armada en San Fernando: *Almanaque Náutico*, eclipses (Ministerio de Defensa, publicación anual).

13. Rodríguez, G.: *Astronomía matemática: teoría, problemas y ejercicios resueltos con MATLAB*, capítulos 5 y 6 (Ediciones Complutense, 2019).

14. Unsöld, A. y Baschek, B.: *The new cosmos. An introduction to Astronomy and Astrophysics*, capítulo 2, apartados 2.1.5, 2.2.1, 2.3 y 2.4.1 a 2.4.4 (Editorial Springer-Verlag, 5ª ed. 2010).